Khalil Gibran

Zur Quelle
des Propheten

Charlotte & Hans Münch

Khalil Gibran

Zur Quelle des Propheten

EINE SPURENSUCHE

Charlotte & Hans Münch

Impressum:
© 2010 CREA Publishing Buch-, Hörbuch- und Musikverlag
www.crea-publishing.com
www.wortbildduo.de

1. Auflage 2010

Idee, Text, Auswahl und Übersetzung der Zitate: Charlotte Münch
Fotografie: Hans Münch
Layout: Rudolf E. Mitter, Linz, Österreich, www.gallery24x7.com
Druck: Friedrich VDV GmbH & Co KG, Linz, Österreich
Alle Rechte vorbehalten. Nachdruck (auch auszugsweise), fotomechanische Wiedergabe oder Wiedergabe mittels Medien aller Art
nur mit ausdrücklicher Genehmigung der Autoren.
ISBN 978-3-942368-00-1

Denkmal im Gibran Garten, Beirut

„Wäre der Libanon nicht mein Heimatland,
hätte ich ihn mir als solches auserkoren."

Vorwort

Khalil Gibran hat diese Welt nicht wirklich verlassen. Allgegenwärtig ist sein Hauptwerk „Der Prophet" – zu den verschiedensten Anlässen wird gern daraus zitiert, vor allem, wenn es um Liebe, Ehe oder Kinder geht. Von sich selber sagte Gibran gegen Ende seines Lebens: „Ich bin auf die Welt gekommen, um *ein* Buch zu schreiben, ein einziges kleines Buch." Und tatsächlich verkauft sich „Der Prophet" auch noch acht Jahrzehnte nach Gibrans Tod jährlich weltweit millionenfach. Darüber hinaus – wenngleich von ihm selber gering geschätzt – genießen etliche weitere seiner Werke Weltruhm, darunter „Der Narr", „Der Wanderer", „Sand und Schaum", „Gebrochene Flügel", „Eine Träne und ein Lächeln", „Jesus Menschensohn", „Rebellische Geister".

Berühmte Titel, oft gehörte Zitate – doch nur selten kann deren Verfasser benannt werden, von dessen Herkunft oder Lebensgeschichte ganz zu schweigen. Wenig bekannt ist des Weiteren, dass Gibran nicht nur als Dichter und Philosoph wirkte, sondern sich auch als kongenialer Maler und Zeichner verdient machte.

Doch Gibran war weit mehr als herausragender Schriftsteller und Künstler. Zeitlebens rebellisch und unbequem bleibend, prangerte er unverblümt Intoleranz, Ungerechtigkeit und Unterdrückung an. Vehement setzte er sich für die Rechte von Frauen ein. Unermüdlich warb er für Verständigung und Annäherung unter den Religionen. Freiheit im Denken, politische und soziale Freiheit bedeuteten für ihn Lebensgrundlage überhaupt. Der von tiefer Menschlichkeit geprägte Khalil Gibran war zweifelsohne einer der großen spirituellen Lehrer unserer Erde.

Dies erschließt sich aus seinen Werken.

Doch Hans und mich beschäftigten zunehmend die Fragen: Welcher Mensch steckte hinter dem Poeten und Maler? Wie dachte und empfand, was fühlte die Privatperson Khalil Gibran? Waren all seine wohlformulierten Worte nur Fassade oder lebte Gibran authentisch? Und wie erging es ihm in seinem kurzen Dasein?

Was wir in der uns zugänglichen persönlichen Korrespondenz Gibrans und in Aufzeichnungen einiger seiner Freunde fanden, bewegte uns tief.

Wenngleich schon früh mit Lob und Ruhm überhäuft, war Khalil Gibran wahrlich kein glückliches, leichtes Leben beschieden. Entbehrungsreichen Jugendjahren folgten niederschmetternde Schicksalsschläge. Krankheiten und Schmerzen waren seine ständigen Begleiter. Trotz etlicher Verhältnisse und aufrichtigen Liebens blieb ihm partnerschaftliche Erfüllung verwehrt, tiefe Einsamkeit spricht aus seinen persönlichen Schriften.

Doch was Khalil Gibran am meisten und bis zu seinem frühen Tod peinigte, war ein grenzenloses Heimweh nach seinem geliebten Vaterland. Mit diesem Buch manifestiert sich unser Anliegen, Ihnen nicht nur den großen Dichter und Künstler Gibran näher zu bringen, sondern auch seine größte Liebe: den Libanon.

Beide haben es verdient.

Charlotte Münch, Februar 2010

Um die Welt zu verstehen,
muss man weit, weit von ihr entfernt sein.

Zu leben ist die größte Kunst von allen.
Künstler sein bedeutet,
eine Ahnung vom wahren Leben zu haben.

Große Dinge muss man mit etwas Abstand betrachten,
um sie erkennen zu können.

Ein Zimmer oder ein Haus
wird immer so wie sein Bewohner.

Sogar die Größe des Raumes ändert sich
mit der Größe des Herzens.

Wie oft hat sich die Größe meines Studios
während der letzten Jahre verändert!

Wären Sie so freundlich, an mich zu denken,
wenn Sie vor der majestätischen Sphinx stehen?

Als ich in Ägypten war,
pflegte ich zweimal pro Woche dorthin zu gehen.

Viele Stunden lang saß ich dann im goldenen Sand
und versank im Anblick der Pyramiden und der Sphinx.

Zu jener Zeit war ich ein Jüngling von 18 Jahren,
und meine Seele erbebte angesichts solcher Kunstwerke
wie Schilf im Sturm.

Diese Frühlingstage machen mich ruhelos.

Sie füllen mich mit Hunger nach etwas,
das mir unbekannt ist.

Ich wünschte, ich könnte auf die Felder gehen
und mit den Blumen wachsen.

Ich beneide all diejenigen,
die fähig sind, sich auszuruhen.

Ich kann mich einfach nicht entspannen.

Mein Geist ist wie ein Bach –
unentwegt fließend, unentwegt suchend und unentwegt murmelnd.

Ich wurde mit einem Pfeil in meinem Herzen geboren,
und es ist ebenso schmerzhaft, ihn herauszuziehen,
wie ihn stecken zu lassen.

Ich stelle mir oft vor, auf dem Gipfel eines Berges
im stürmischsten (nicht dem kältesten) Land der Welt zu leben.

Gibt es solch einen Platz?

Wenn ja, sollte ich eines Tages dorthin ziehen
und mein Herz in Bilder und Gedichte umwandeln.

Der erste Dichter muss sehr gelitten haben,
als die Höhlenbewohner über seine verrückten Worte lachten.

Er hätte seine Bogen und Pfeile, seine Löwenhaut
und alles, was er besaß, dafür hergegeben,
wenn seine Mitmenschen erkannt hätten,
welche Ergriffenheit und Leidenschaft ein Sonnenuntergang
in seinem Innern auslöste.

Die Kinder von gestern
vermögen weder die Lieder von heute noch die von morgen zu hören.

Die Gesetze der Vergangenheit
sind für sie auch die Gesetze der Zukunft.

Sie leben in der Vergangenheit.
Sie essen, trinken und schlafen mit der Vergangenheit.

Sie träumen die Träume der Toten.

Sie tun mir Leid.

Wie gerne würde ich
diese schönen Dinge gemeinsam mit Dir sehen!

Ich fühle mich so einsam,
wenn ich alleine vor einem großen Kunstwerk stehe.

Sogar im Himmel braucht man einen geliebten Begleiter,
um sich wahrhaftig daran erfreuen zu können.

Das ist es, was ich in diesen Tagen mache:

Ich räume meine Wohnung auf.

Ich sortiere meine Gedanken.

Ich befreie mich von all den alten Geistern und Schatten.

Jedes Mal, wenn Du mit mir über mich sprichst,
fühle ich einen süßen Stich in meinem Herzen.

Stets deutest Du auf den Gipfel eines Berges und sagst:
„Wann wirst du dort sein?"

Und wenn Du mit mir darüber sprichst, was ich heute bin,
ist mir, als hörte ich eine Stimme in Deiner Stimme sagen:
„Das sollst du morgen sein!"

Aber es ist gut, den Gipfel eines Berges gezeigt zu bekommen;
und es ist so gut zu wissen, was Du willst, das ich morgen sein soll.

Wenn ich Deine Briefe lese
– manchmal lese ich sie, als wären sie jemand anderem geschrieben –
fühle ich mich wie eine Pflanze, die im Licht wächst.

Und ich vergesse meine eigenen Schatten.

Glaubst Du, ich werde eines Tages wie jener Mensch sein,
dem diese Briefe geschrieben wurden?

Ich wünsche es von ganzem Herzen und ganzer Seele.

Die Professoren in der Akademie sagen:
„Malen Sie das Modell nicht schöner, als es ist!"

Und meine Seele flüstert:
„Könntest du doch das Modell so schön malen, wie es ist!"

Was soll ich nun tun?
Soll ich es den Professoren oder meiner Seele recht machen?

Die guten alten Männer wissen eine Menge,
aber meine Seele ist mir wesentlich näher.

Jeder Mensch ist potentiell ein Künstler.

Ein Kind kann ebenso einfach gelehrt werden,
einen Vogel zu zeichnen,
wie ein Wort zu schreiben.

Es könnte Gedichte reimen,
während es lernt, Sätze zu bilden,
und es könnte Ton formen,
während es lernt, mit Bauklötzen zu spielen.

Meinst Du nicht auch, dass wir alles, was wir jetzt besitzen,
als Mittel nutzen sollten für eine großartigere und nachhaltigere Zukunft?

Wenn ich das Geld spare, welches die Bilder einbringen,
bin ich schon in wenigen Jahren in der Lage, ein Haus zu bauen,
in dem wir dann die größeren und ausdrucksstärkeren Bilder zeigen könnten.

Es gibt nichts Wundervolleres, als etwas aufzubauen.

Außerhalb von uns etwas aufzubauen,
bedeutet in Wahrheit, in unserem Inneren etwas aufzubauen.

Das Äußere ist nur ein Abbild des Inneren.

Die schwierigste Aufgabe, die vor uns liegt, besteht darin,
Lebensmittel in den Libanon zu befördern.

Wir sind nun davon überzeugt,
dass die türkische Regierung darauf abzielt,
unser Volk auszuhungern,
denn einige unserer Führer dort
machen gemeinsame Sache mit den Alliierten.

Die amerikanische Regierung ist die einzige Macht der Welt,
die uns helfen könnte.

Das Außenministerium versicherte mir,
die Regierung werde all ihre Möglichkeiten nutzen,
um die Lebensbedingungen im Libanon zu erleichtern.

Aber Du weißt, was gerade jetzt in Washington los ist.

Mein Herz brennt für Syrien.

Das Schicksal war grausam zu diesem Land –
mehr als grausam.

Seine Götter sind tot,
seine Kinder gingen fort,
um in fernen Ländern ihr Brot zu verdienen,
seine Töchter sind stumm und blind,
und dennoch lebt das Land, es ist lebendig.

Und das ist das Schmerzlichste daran.
Es lebt inmitten seines ganzen Elends.

Zerstörung und Trostlosigkeit
wird über alle Länder der Erde kommen,
und die jungen Burschen und Mädchen
werden Knospen gleichen,
die vom Mandel- oder Olivenbaum gebrochen wurden
und daher nicht zur Frucht reifen können.

Je älter ich werde,
umso entschlossener zeigt sich der Eremit in mir.

Das Leben ist eine Vision voll unendlicher,
wundervoller Möglichkeiten und Erfüllungen.

Aber die Menschen sind so armselig;
ihre Seelen sind armselig, ihre Sprache ist armselig.

Das Leben ist grandios, der Mensch ist beschränkt.

Zwischen dem Leben und dem Menschen besteht eine tiefe Kluft.

Momentan bin ich nicht in der Lage zu arbeiten.
Doch ich kann meine Augen schließen und denken.

Ich denke an meinen Narren, den ich liebe und achte.

Trotz seines breiten Lachens
ist er für mich eine Art Trost, eine Zuflucht.

Immer wenn ich krank oder müde bin,
gehe ich zu ihm.

Er ist meine einzige Waffe
in dieser sonderbar bewaffneten Welt.

Er lächelte wieder,
und in seinem Lächeln lag das Geheimnisvolle
Syriens, Arabiens und Persiens.

Sind Sie einer der Politiker, der sich fragt, was sein Land für ihn tun kann?

Oder sind Sie dieser leidenschaftliche Politiker, der sich fragt, was er für sein Land tun kann?

Ich bin der Meinung,
dass wir in dieser Welt nicht auf eine Führung verzichten können.

Aber dieses Führen sollten die Frauen ausüben, nicht die Männer.

Alles, was mein Ich, meine Werke, mein ganzes Leben ausmacht,
verdanke ich der Frau.

Es war die Frau,
die mich das Sehen lehrte und die meine Seele öffnete.

Ohne die Frau als Mutter, als Schwester, als Freundin
schliefe ich noch mit allen anderen Schlafenden,
die Stille der Welt mit beseligtem Schnarchen störend.

Dein Körper ist wie Dein Geist –
immer bereit, immer willig, immer rege.

Du bist wie die Zedern des Libanon,
voll duftender Kraft.

Ich weiß, dass eine kleingeistige Liebe Dir nicht genügen würde,
ebenso wie ich weiß, dass mir eine kleingeistige Liebe nicht genügen würde.

Du und ich,
wir würden uns nie damit zufrieden geben, was von einem engen Geist kommt.

Wir sind anspruchsvoll.

Wir wollen alles.

Wir wollen Vollkommenheit.

Seit zwei Wochen sehe ich Dich oft in meinen Träumen.

Wir unterhalten uns jedes Mal über wundervolle Dinge,
und Du bist immer sehr fröhlich.

In der vorletzten Nacht lachtest Du,
wie nur das Meer lachen kann.

Und es gefiel mir.

Stell Dir vor, Du wärst gezwungen,
alle Worte, die Du kennst, aufzugeben, zu vergessen bis auf sieben.

Welche sieben Worte würdest Du behalten?

Die wichtigsten beiden Worte, die zu bewahren wären,
sind *Du* und *Ich*.
Ohne diese beiden gäbe es keinen Grund für weitere.

Wir müssen *sein* und wir müssen *nehmen*.

Dies sind meine sieben Worte:
Ich, Du, nehmen, Gott, Liebe, Schönheit, Erde.

Ich küsse Dich und sage Dir gute Nacht,
dann öffne ich die Tür und gehe hinaus auf die Straße
mit einem vollem Herzen und einer hungrigen Seele.

Doch ich komme noch einmal zurück,
um Dich zu küssen und Dir gute Nacht zu sagen,
die Tür zu öffnen und hinaus auf die Straße zu gehen
mit hungriger Seele und vollem Herzen.

Gestern Abend sagte ich mir:

Das physische Bewusstsein einer Pflanze mitten im Winter
ist nicht auf den vergangenen Sommer ausgerichtet,
sondern auf den nahenden Frühling.

Das physische Gedächtnis einer Pflanze
bezieht sich nicht auf verstrichene Tage,
sondern auf kommende.

Wenn Pflanzen sicher sind,
dass ein Frühling kommen wird, in dem sie sich entfalten,
warum kann ich, eine menschliche Pflanze,
nicht sicher sein, dass ein Frühling kommen wird,
in dem ich fähig sein werde, mich selbst zu erfüllen?

Heute erleben wir einen mächtigen Schneesturm.

Du weißt, wie sehr ich alle Arten von Sturm liebe,
ganz besonders Schneestürme.

Ich liebe Schnee, ich liebe sein Weiß,
ich liebe das Fallen von Schnee, ich liebe seine tiefe Stille.

Ich liebe den Schnee in fernen unbekannten Tälern,
wo die Schneeflocken ein Weilchen im Sonnenlicht glitzern und funkeln,
schließlich dahinschmelzen und mit leisem Singen von dannen rinnen.

Ich liebe Schnee und Feuer;
beides stammt aus der gleichen Quelle.

Was an einem Sturm ist es, das mich so tief berührt?

Warum bin ich so viel besser und stärker,
warum traue ich dem Leben mehr,
wenn es stürmt?

Ich weiß es nicht.

Seit einigen Tagen ist es extrem heiß –
nachts noch mehr.

Jeden Tag gehe ich in den Wald
und liege mit einem Notizblock unter riesigen Bäumen.

Ich ernähre mich fast nur von Buttermilch.

Eines unserer wunderbaren, fast vergessenen Worte ist *handgemacht*.

Momentan kann ich nur drei bis vier Stunden am Tag arbeiten,
länger nicht.

Danach brauche ich Ruhe, Weite und Stille.

Manchmal kann ich auch überhaupt nicht arbeiten,
weil ich viel zu beschäftigt bin, um zu arbeiten.

Es gibt eine Art des Denkens oder vielmehr des Seins,
die einem nicht gestattet,
irgendeine physische Arbeit zu verrichten.

Ich kann momentan nicht viel dazu sagen,
was mein Herz und meine Seele erfüllt.

Ich fühle mich wie ein besätes Feld mitten im Winter
und ich weiß, dass der Frühling kommt.

Meine Bäche werden fließen,
und das kleine Leben, das in mir schläft,
wird ans Licht drängen, wenn es gerufen wird.

Ich wünschte, ich wäre wie meine Landsleute,
denn dann hätte die Krankheit nicht so rasch von mir Besitz ergriffen.

Die Nordlibanesen sind robust und stark,
wohingegen ich das Gegenteil bin;
ich habe nichts von den physischen Vorzügen
dieses kräftigen Menschenschlages geerbt.

Ich habe über tausend Dinge nachgedacht,
die ich in diesem Jahr tun will.

Ich fürchte, ich werde es niemals schaffen,
meine Träume zu verwirklichen.

Immer bleibe ich hinter meinen Vorstellungen zurück.
Immer erhalte ich nur einen Schatten vom Schatten dessen,
was ich anstrebe.

Ich hasse es, Korrektur zu lesen.

Gibt es etwas Ermüdenderes,
als die Arbeit eines unserer vergangenen „Ich" sorgsam zu prüfen?

Es ist gut, neue Gräber auszuheben,
nicht aber, alte zu inspizieren.

Mein einziger Wunsch ist,
die geeignete Ausdrucksweise zu finden,
die zu den Menschen durchdringt und sie erreicht.

Die Welt ist hungrig, und sollte es Brot sein, wonach sie verlangt,
so wird es im Herzen der Welt einen Platz finden.

Wenn es aber nicht Brot ist, wonach die Welt verlangt,
wird es ihren Hunger noch vergrößern.

Sage mir um Himmels Willen nicht:
Du hast schon so viele Lieder gesungen,
und alles, was du gesungen hast, war wunderbar!

Erwähne nicht meine früheren Werke,
denn die Erinnerung daran schmerzt mich.

Ihre Belanglosigkeit bringt mein Blut in Wallung,
ihre Trockenheit macht mich durstig,
und ihre Seichtheit lässt mich erschauern.
Tausendmal am Tag frage ich mich:

Warum hatte ich keine Geduld?

Warum hielt ich diese Wassertropfen nicht zurück
und sammelte sie, bis sie zu einem Fluss geworden wären?

Sag mir, bist Du nicht mein ständiges
„ich bin dies" und „ich bin jenes"
und „ich bin zwischen diesem und jenem" leid?

Du siehst, ich lebe so sehr in mir selber wie eine Auster.

Ich bin eine Auster und versuche,
aus meinem eigenen Herzen eine Perle zu bilden.

Doch man sagt,
eine Perle sei nur eine Krankheit der Auster.

Wer von uns hat zwei Seelen,
um die eine auf den Berg
und die andere ins Tal zu schicken?

Wenn ich fremd bin in einer großen Stadt,
mag ich es gern,
in verschiedenen Räumen zu schlafen,
an unterschiedlichen Plätzen zu essen,
durch unbekannte Straßen zu schlendern
und die unbekannten Menschen zu beobachten, die vorübergehen.

Ich liebe es, der einsame Reisende zu sein!

Seit mehr als einer Woche
bin ich in dieser seltsam dumpfen Stadt.

Ich kann nicht arbeiten, wie sehr ich mich auch bemühe.

Nicht einmal denken kann ich.

Ich werde zertrampelt von netten Leuten,
mit denen ich wenig gemein habe.

Nie zuvor erhielt ich so viele Einladungen
zu derart unterschiedlichen Anlässen.

Anscheinend stellen die netten Bewohner von New York langsam fest,
dass ich jemand bin!

Doch warum ist es so,
dass wir, je mehr wir mit anderen Menschen in Kontakt kommen,
uns umso weniger zugehörig fühlen?

Sogar die Freundlichkeit, die uns entgegengebracht wird,
bewirkt, dass wir uns anders, alleine und traurig fühlen.

Mit mir stimmt etwas nicht.

Ich werde wie mein Narr.

Ich sehe Menschen und weiß,
es sind gute Seelen.

Doch immer,
wenn ich neben ihnen sitze oder mit ihnen rede,
spüre ich eine dämonische Ungeduld,
eine Art Wunsch, sie geistig zu verletzen.

Und wenn sie sprechen,
flattert mein Geist wie wild umher
und tobt wie ein Vogel,
den man an seinen Füßen angebunden hat.

Ich bin es so leid, in meiner Wohnung zu sein.

Ich fühle mich wie ein hilfloser Vogel in einem Käfig,
dabei ist es heute draußen so schön.

Vielleicht werde ich mich in den Park setzen
und mir die müden und hässlichen Gesichter ansehen.

Ich muss ganze Welten von Hässlichkeit in meinen Augen haben,
denn ich sehe so viele hässliche, seelenlose und nichtssagende Gesichter,
charakterlose Gesichter ohne etwas Markantes.

Ich habe diese Welt satt.

Warum sollte ein Liebhaber des Lebens
eine solch dumme und schwachsinnige Welt hinnehmen?

Eines Tages werde ich Malkasten und Tinte nehmen,
mich von dieser Welt abwenden und als Eremit leben.

Ein wahrer Eremit sucht die Abgeschiedenheit, um sich zu finden,
und nicht, um sich zu verlieren.

Es kommt der Tag, an dem ich in den Orient fliehen werde.

Die Sehnsucht nach meinem Land richtet mich schier zugrunde.
Und säße ich nicht in diesem Käfig,
dessen Gitterstäbe ich mit eigenen Händen geschmiedet habe,
so ginge ich an Bord des erstbesten Schiffes in Richtung Orient.

Doch wer kann schon das Haus verlassen,
dessen Steine er sein Leben lang behauen und aufeinander gesetzt hat –
selbst wenn dieses Haus sein Gefängnis wurde,
weil er es weder verlassen konnte noch wollte,
auch nicht für einen einzigen Tag.

Manchmal fühle ich mich tagelang,
als sei ich gerade von einem anderen Planeten eingetroffen.

Ich bin ein Mensch ohne Vergangenheit auf dieser Erde.
Menschliche Umrisse und Laute sind mir fremd.

Ich bin kein guter Mensch.
Ich sollte vollkommen eins sein mit allem, was auf dieser guten Erde ist,
aber das kann ich nicht.

Was soll ich über die Höhlen meiner Seele sagen,
jene Höhlen, die Sie so ängstigen?

Ich nehme dort Zuflucht,
wenn ich der Wege der Menschen überdrüssig bin,
ihrer üppig blühenden Felder, ihrer dichten Wälder.

Ich ziehe mich in die Höhlen meiner Seele zurück,
wenn ich keinen anderen Platz finde,
wo ich meinen Kopf aufstützen könnte.

Hätten einige derjenigen Menschen, die ich liebe,
den Mut, diese Höhlen zu betreten,
so würden sie darin nichts als einen Mann finden,
der auf Knien seine Gebete spricht.

Du sagst mir:
„Du bist ein Künstler und ein Dichter,
und Du solltest Dich glücklich schätzen,
Künstler und Dichter zu sein."

Doch ich bin weder Künstler noch Dichter.

Zwar zeichne und schreibe ich Tag und Nacht,
doch das „Ich", mein Selbst,
ist weder in meinen Tagen noch in meinen Nächten.

Ich bin Nebel, der sich nicht in Regen verwandelt.
Ich bin Nebel, meine Einsamkeit und mein Alleinsein sind Nebel,
und darin liegen mein Hunger und mein Durst.

Mein Unglück ist, dass dieser Nebel meine Realität ist und sich danach sehnt,
einem anderen Nebel am Himmel zu begegnen.
Er sehnt sich danach, die Worte zu hören:

Du bist nicht allein.
Wir sind zu zweit, und ich weiß, wer du bist.

Bist Du nicht auch fremd in dieser Welt?
Bist Du in Deiner Umgebung nicht fremd
mit all Deinen Zielen, Sehnsüchten, Handlungen und Neigungen?

So sag mir,
gibt es viele in dieser Welt, welche die Sprache Deiner Seele verstehen?
Ich frage mich, wie oft Du jemandem begegnet bist,
der Deinem Schweigen lauscht, der Deine Stille versteht
und der Dich zum Allerheiligsten des Lebens begleitet,
während Du ihm in einem Haus gegenüber sitzt,
das in einer Reihe mit anderen Häusern steht?

Du und ich, wir gehören zu denjenigen,
denen Gott Freunde, Liebende, Gönner und Bewunderer geschenkt hat.

Doch sage mir,
gibt es unter diesen aufrichtigen und begeisterten Freunden auch nur einen,
zu dem einer von uns sagen könnte: Trag mir einen Tag lang mein Kreuz!

Gibt es unter ihnen irgendeinen, der weiß,
dass es hinter unseren Liedern ein Lied gibt,
welches weder in einer Melodie
noch in Akkorden erfasst werden kann?

Welche Farbe der Anzug hat, den ich heute trage?

Ich pflege zwei Anzüge gleichzeitig anzulegen –
einen aus Stoff, gewebt und geschneidert,
der andere ist aus Fleisch, Blut und Knochen.

Im Augenblick trage ich ein langes, weites Gewand,
übersät mit Flecken von Tinte und Farbe.
Es ähnelt dem Gewand eines Derwisches,
abgesehen von der Sauberkeit.

Den Anzug aus Fleisch, Blut und Knochen
habe ich im Nebenzimmer gelassen.
Ich ziehe vor, ihn nicht zu tragen,
wenn ich mich mit Dir unterhalte.

Du sagst mir, Du hast Angst vor der Liebe.

Doch warum nur, meine Kleine?

Fürchtest Du auch das Licht der Sonne?
Hast Du Angst vor Ebbe und Flut?
Fürchtest Du den Anbruch des Tages
oder das Nahen des Frühlings?

Ich frage mich, wieso Du die Liebe fürchtest?

Fürchte nicht die Liebe,
hab keine Angst, Begleiterin meines Herzens!

Wir müssen uns ihr hingeben trotz allem,
was sie mit sich bringen kann an Pein, Einsamkeit und Sehnsucht
und trotz aller Verwirrung und Zweifel.

Mein Sommer war kein glücklicher Sommer.
Die meiste Zeit hatte ich Schmerzen.

Ich schrieb viel auf Arabisch, Lieder und Prosagedichte.

Ich tat noch mehr als das.
Ich teilte den Bewohnern des Nordlibanon mit,
dass ich nicht ihrem Wunsch folgen werde,
zurückzukehren und sie zu regieren.

Und Du weißt, wie groß mein Heimweh ist.

Mein Herz sehnt sich nach jenen Hügeln und Tälern,
aber es ist besser, wenn ich hier bleibe und arbeite.

Wenn ich sterbe,
werde ich mich nicht weit von dieser guten grünen Erde entfernen,
jedenfalls nicht für lange, lange Zeit.

Ich beginne gerade erst damit, über der Erde zu leben.

In der Vergangenheit war ich nur eine Wurzel,
und nun weiß ich nicht,
was ich anfangen soll mit so viel Luft und Licht und Raum.

Ich hörte von Männern, die sich nach ihrer Entlassung aus dem Gefängnis
in der Welt so verloren vorkamen, dass sie kehrt machten und darum baten,
wieder inhaftiert zu werden.

Ich werde nicht zurückgehen.
Ich werde versuchen, meinen Weg über der Erde zu finden.

Beim Anflug auf Beirut schon von weither zu erkennen: der schneebedeckte Kamm des Libanongebirges, arabisch Lubnan („weiß"). Diesem eindrucksvollen, bis zu 3.083 m hohen Gebirgszug verdankt das Land seinen Namen. Flächenmäßig ist der Libanon mit seinen 10.452 km² im Vergleich zu anderen Ländern ein Winzling. Das 250 km lange und maximal 60 km breite Land hat etwa 4 Mio. Einwohner, die Hälfte von ihnen lebt in der Hauptstadt Beirut.

Zum Thema „Libanon" fällt den meisten Menschen kaum mehr ein als Bürgerkrieg und Zerstörung. Verzerrte Berichte in den Medien stellen das Land als Haschischgarten und Terroristenschmiede dar. Dabei bleibt meist auf der Strecke, welche Superlative jenes Fleckchen Erde zu bieten hat – auch, weil es bedeutsamer Teil des Heiligen Landes ist.

Wer weiß schon, dass der Libanon Ursprung und Knotenpunkt Jahrtausende alter Kulturen ist? Wer kennt die Vielzahl monumentaler antiker Stätten, Zeugen einer einzigartigen Historie? Wem ist bekannt, dass die Phönizier das Alphabet entwickelten? Wer kennt deren Bedeutung für Seefahrt, Handel, Mathematik und Glasbläserkunst? Wer weiß, dass es in jenem Land 18 anerkannte – davon 12 christliche – Religionen wie auch wunderschöne Skigebiete gibt? Dass im Libanon seit über 5.000 Jahren Weinbau betrieben wird, dessen Erzeugnisse heute auf internationaler Ebene jedes Jahr als weltbeste Tropfen prämiert werden? Wer kennt die Diversität und üppige, manchmal herbe Schönheit der Landschaft, die einzigartige Gastlichkeit und offenherzige Freundlichkeit der Libanesen, die im Lande herrschende Liberalität?

Wenn es gelingt, in der Region einen nachhaltigen Friedensprozess in Gang zu setzen, hat der Libanon alle Chancen, wieder zu dem Land zu werden, als das er einst galt: „Schweiz des Nahen Ostens".

Gibran, seit seiner Emigration in die USA bis zu seinem Tode massiv unter Heimweh leidend, beginnt einen Aufsatz von 1920 über sein Vaterland mit den Worten:

You have your Lebanon and its dilemma. I have my Lebanon and its beauty.

Das Elternhaus von Gibran Khalil Gibran – so sein korrekter und vollständiger Name – in Bcharré. Hier wird er am 6. Januar 1883 geboren. In diesem Zimmer, dem einzigen Raum des Hauses, lebt er mit seinen Eltern, seinem älteren Halbbruder Boutros, den zwei jüngeren Schwestern Mariana und Sultana sowie einem Onkel.

Gibran ist ein einzelgängerisches, nachdenkliches Kind. Aufgrund seiner Unangepasstheit gilt er in seiner Umgebung als exzentrisch. Sein Vater, ein leichtlebiger Trinker, findet ihn zu weich und schlägt ihn oft. Einzig seine Mutter erkennt schon früh das herausragende Talent Gibrans und fördert ihn nach besten Kräften. Für den Jungen gibt es kein größeres Vergnügen, als durch die üppige Natur seiner Heimat zu streifen, deren wilde Schönheit er in seinen späteren Zeichnungen und Gemälden auf symbolisierte Weise zum Ausdruck bringt.

Gibrans Vater, von Beruf Steuereintreiber, kommt 1891 aufgrund einer Intrige wegen angeblichen Betrugs ins Gefängnis. Haus und Vermögen werden beschlagnahmt, die Familie ist gezwungen, bei Verwandten unterzukommen. Zwar wird die Anklage 1894 fallengelassen und der Vater kommt frei, doch Hab und Gut bleiben verloren. 1895 entschließt sich die Mutter Gibrans, mit ihren vier Kindern in die USA auszuwandern, in der Hoffnung, dort bessere Lebensbedingungen vorzufinden. Der Vater will im Libanon bleiben, die restliche Familie siedelt sich in Boston an.

Mit einem Bauchladen geht die Mutter hausieren und schafft es dank unermüdlichen Einsatzes, dass Boutros, ihr

Ältester aus erster Ehe, ein kleines Geschäft mit Modeartikeln und orientalischen Waren eröffnen kann. Jener verausgabt alle seine Kräfte, seine Familie aus dem Elend herauszuführen und Gibran zu einer guten Schulausbildung zu verhelfen. 1898 fährt Gibran zu seinem Vater in den Libanon. Einerseits auf eigenen Wunsch, um seine Muttersprache zu studieren, die er zwar fließend spricht, aber nur ungenügend lesen und schreiben kann. Andererseits sicherlich auf Ansinnen von Mutter und älterem Bruder, Gibran aufgrund einer „Liaison" mit einer Kaufmannsgattin besser fern von Boston zu wissen. Zu Beginn dieser ungleichen, über ein Jahr dauernden Verbindung war Gibran gerade 14 Jahre alt und die Dame über 30 (heute würde man wohl eher von einem missbräuchlichen Verhältnis reden).

In Beirut besucht Gibran das Gymnasium Madrasat Al-Hikmat. In arabischer Sprache lernt er Grammatik, Literatur und Metrik, auf französisch Mathematik, Naturwissenschaften, Geologie, Geographie und französische Literatur.

So erfolgreich Gibran in der Schule ist, so wenig Verständnis findet er bei seinem Vater, der ihn aufgrund des eigenen erlittenen Unrechts lieber als Rechtsanwalt gesehen hätte. Dass er von väterlicher Seite auf keinerlei Wohlwollen für seinen Weg als Poet und Philosoph zu hoffen braucht, wird Gibran auf schmerzliche Weise endgültig klar:

Bei einer Gesellschaft im Haus seines Vaters liest er auf Drängen der Gäste ein Gedicht vor. Alle blicken ihn bewundernd an, doch sein Vater sagt: „Ich hoffe, dass wir nie mehr solch einen Wahnsinn anhören müssen!" Gibran schreibt später dazu: „Dies verletzte mich im Tiefsten meines Herzens."

Anfang 1902 kehrt Gibran aufgrund der schweren Erkrankung seiner Schwester Sultana in die USA zurück und sieht seinen Vater († 1909) nie wieder.

Auf dem Ausgrabungsgelände in Jbeil, besser bekannt unter seinem antiken Namen Byblos. Der abgebildete Löwenkopf ist Teil einer Befestigungsanlage aus der Perserzeit (539-332 v. Chr.) und ragt aus dem Mauerwerk dieses besonders starken Schutzwalls heraus. Solche Skulpturen dienten dazu, Feinde abzuschrecken.

Jbeil/Byblos liegt in einer langgestreckten Bucht auf einer Landzunge ca. 35 km nördlich von Beirut und zählt zu den ältesten kontinuierlich bewohnten Orten der Menschheit. Archäologen fanden am Strand die ältesten Siedlungsreste von Jbeil. Mittelsteinzeitliche Fischer, die sich hier vor 9.000 Jahren niederließen, nutzten die günstige Lage: Umgeben von zwei kleinen Buchten, konnten sich die Bewohner gegen vom Meer kommende Angreifer gut zur Wehr setzen. Die Boote lagen geschützt in einem kleinen Hafen statt auf dem flachen Sandstrand, eine Karstquelle versorgte die Siedlung mit Wasser. Zur Landseite hin war Byblos in späteren Zeiten durch einen starken Befestigungswall geschützt.

Um 2700 v. Chr. entwickelte sich der Ort sprunghaft aufgrund seiner Nähe zu den Zedernwäldern. Deren Holz und Harz wurden über das Meer nach Ägypten exportiert, wo man das Holz für den Bau von Schiffen, Gräbern und Gebäuden benötigte, das Harz für das Präparieren der Toten. Vor ca. 3.500 Jahren wurde Byblos zu einem Zentrum des Welthandels, der von einigen wenigen Orten der Küste ausging. Kupfer und Zinn wurden beschafft, um Bronze herstellen zu können. Der Handel mit Zedernholz florierte nach wie vor, außerdem wurden prächtigste Waffen für den Pharao und Schmuck für edle Damen hergestellt. Traubenwein wurde nach Babylonien geliefert, das Glas erfunden, kostbarste Stoffe gewirkt und mit einem Extrakt aus einer Drüse der Purpurschnecke eingefärbt, damit die edlen Herrscher sich auch äußerlich adäquat darstellen konnten.

Zur Vereinfachung des länderübergreifenden Handels entwickelten die Phönizier eine neue Schrift, die mit ganz wenigen Zeichen auskam, im Gegensatz zur ägyptischen und babylonischen Schrift mit ihren unzähligen Schriftzeichen. Für die Griechen wurde später der Name der Stadt Byblos zum Synonym für „Buch". Sie übertrugen die Alphabet-Schrift auf ihre eigene Sprache – so bedeutete „Byblos" gleichzeitig „Papyrus". Des Weiteren wird vermutet, dass auch der Wortstamm für „Bibel" darin liegt.

Zum Zitat: In der Zeit von Mai 1901 bis März 1902 unternimmt Gibran mehrere Reisen in arabische Länder, darunter Ägypten, Syrien und Palästina.

Das Bekaa-Tal bei Kefraya mit Blick gen Osten auf das Anti-Libanon-Gebirge. Über den schneebedeckten Gipfel im Hintergrund des Fotos, das 2682 m hohe Hermon-Massiv, verläuft die libanesisch-syrische Grenze. Im Westen wird die fruchtbare Hochebene (900-1100 m) vom Libanon-Gebirgszug begrenzt.

Vom östlichen Mittelmeerraum aus, mit dem heutigen Libanon als Zentrum, gingen Handelsschiffe und Karawanen in alle Himmelsrichtungen. Über diesen Weg brachten die Phönizier auch die ersten Weinreben nach Europa. Im Libanon selbst blickt man auf eine etwa 5.000 Jahre alte Weinbautradition zurück, die allen widrigen Umständen zum Trotz bis heute fortbesteht.

Bei Höhenlagen bis zu 1300 m und rund 300 Sonnentagen im Jahr, regenreichen Wintern bis April und heißen Sommermonaten mit kühlen Nächten reifen die Trauben unter idealen Bedingungen auf Lehm-, Kalk- und Steinböden. Die Lese beginnt Ende August und erfolgt meistens per Hand. Auf das Filtrieren des Weines wird oftmals verzichtet, moderne Kellereitechnik und geringe Hektarerträge lassen Produkte von Weltklasseniveau entstehen.

Die Weinfelder im Vordergrund gehören zu Château Kefraya, einem der renommiertesten Weingüter des Libanon. Hier gedeihen auf gutseigener Fläche von insgesamt 300 ha die Rebsorten Chardonnay, Viognier, Sauvignon blanc, Clairette, Ugni, Bourboulenc, Cinsaut, Grenache, Syrah, Cabernet Sauvignon, Tempranillo, Mourvèdre und Carignan. Andere Produzenten bauen u.a. auch Merlot, Muscat, Sémillon, Malvoisie und Petit Verdot an. Château Khoury entschied sich gar für elsässische Rebsorten wie Pinot Noir, Pinot Gris, Gewürztraminer und Riesling. Weitere bedeutende Weingüter sind Chateau Ksara, Clos St. Thomas, Héritage, Massaya, Chateau Musar, Nakad, Domaine Wardy, Karam, Cave Kouroum, Coteaux du Liban, Domaine des Tourelles und Chateau Ka.

Um ständige Schmerzen, seine Einsamkeit und die tiefe Sehnsucht nach seiner Heimat besser ertragen zu können, trinkt Gibran übermäßig – der Alkohol lässt ihn in die ätherische Welt der Sehnsucht schweben. 1928 schreibt er: „Mein Verlangen nach Wein übersteigt das von Noah, Abu Nuwas, Debussy und Marlowe." Aufgrund der herrschenden Prohibition (1919 bis 1933) gestaltet sich die Beschaffung von Alkohol äußerst schwierig, worum Gibran seine Schwester Mariana in jedem seiner Briefe bittet. Trotz ihrer Sorgen um seine Gesundheit beauftragt sie einen Verwandten, Gibran mit Arrak aus den geheimen Brennereien in Boston zu versorgen. Anfang 1929 wird bei Gibran eine Leberzirrhose diagnostiziert, an der er zwei Jahre später 48-jährig stirbt.

Händler auf dem landesweit bekannten Fischmarkt von El Mina. Dieser Ort phönizischen Ursprungs gehört neben Byblos, Tyrus und Sidon zu den ältesten Städten des Libanon, wovon hier leider nur noch vereinzelte Spuren zeugen. El Mina liegt auf einer etwa 3,5 km² großen Halbinsel vor Tripoli und ist als zweitgrößter Hafen des Landes von großer Bedeutung. Beide Städte gehen mittlerweile fast nahtlos ineinander über, das Zentrum von Tripoli ist ungefähr 3 km entfernt.

El Mina, auch bekannt als „Stadt der Wellen und der Horizonte", sind sieben Inseln vorgelagert – so viele wie keinem anderen Ort der levantinischen Küste. Die nächstgelegene, Al-Bakkar, ist über eine Brücke mit dem Festland verbunden. Vier der Inseln stehen unter Naturschutz, um die Fischgründe bestmöglich zu schonen. Die wichtigste, Al-Aranib, die Kanincheninsel, steht seit 1992 unter dem Schutz der UNESCO. Hier legen Meeresschildkröten ihre Eier ab und seltenen Seevögeln dient die Insel als Brutstätte.

5

In rauer Nachbarschaft: Wohnen am Fuße des Libanon-Gebirges. Diese Bergkette erstreckt sich über 160 km von der Nordgrenze bis in den Südwesten des Landes. Oftmals verhüllen Wolken den Qornet es-Saouda, mit seinen 3.088 m höchster Gipfel dieses Gebirges. Von November bis April sind die karstigen Berge schneebedeckt, nach strengen Wintern sogar bis in den Mai hinein. Einst waren die Hänge des Libanon-Gebirges mit Zedern-, Eichen-, Wacholder- und Pinienwäldern bewachsen. Bereits vor 5.000 Jahren für den Bau von Tempeln, Palästen und Schiffen sowie für den Handel von großem Wert, wurden die Wälder bis in die Tage des Ersten Weltkriegs hinein systematisch ausgebeutet – mit fatalen Folgen für den weiteren Bestand der libanesischen Zeder.

6

Teil der römischen Kolonnadenstraße aus dem 2. Jh. n. Chr. im antiken Tyrus, der Vorgängerin des heutigen Sour. Ursprünglich lag Tyrus auf einer vorgelagerten Inselgruppe mit vielen Riffs und Klippen. Durch die günstige Lage Tyrus' konnte die Stadt vom Festland aus nicht angegriffen werden. Außerdem gab es zwei Häfen, wodurch keine noch so widrige Wetterlage den Schiffen etwas anhaben konnte.

Auf einer der Inseln stand schon 1000 v. Chr. der große Tempel des Stadtgottes Melqart, der König Salomo als Vorbild für den Bau seines Tempel in Jerusalem diente. Hierfür stellte Hiram von Tyrus (969-936 v. Chr.) seinem Freund Salomo Material, Arbeiter und erfahrene Bauleute zur Verfügung.

Im 8. Jh. v. Chr. sicherten tyrische Kaufleute ihren Mittelmeerhandel zunehmend durch die Errichtung fester Handelsstützpunkte ab. Es entstanden Cádiz, Karthago und Dutzende weiterer Standorte. Gehandelt wurde vor allem mit Purpurstoffen, Glas- und Metallwaren. Doch der wachsende Reichtum der Stadt machte die Nachbarn neidisch: Assyrer, Neubabylonier und Perser machten sich die Stadt untertan. Auf den schwungvollen Handel hatte dies jedoch keine beeinträchtigenden Auswirkungen – im Gegenteil. So blühte Tyrus lange Zeit, bis im Jahre 332 v. Chr. Alexander der Große daherkam. Nach einer sieben Monate dauernden Belagerungszeit baute er einen Damm vom Festland zur Insel. Dadurch kam er direkt an die Stadt heran und konnte schließlich ihre Mauern brechen. Im Laufe der Zeit spülte die Meeresströmung Sand an den Damm, so wurde langsam, aber sicher die Insel mit dem Festland verbunden

7

und wurde zu einer Halbinsel, die heute an der schmalsten Stelle 400 m breit ist.

Tyrus/Sour ist die südlichste der libanesischen Großstädte und liegt etwa 15 km vor der Grenze zu Israel.

Auf Sonnenaufgänge, wie von Gibran oftmals so leidenschaftlich beschrieben, muss man in Tyrus leider verzichten. Da die Sonne bekannter Maßen von Osten aus ihren Lauf nimmt, taucht sie zunächst über dem Anti-Libanon auf und schickt ihre ersten Strahlen ins Bekaa-Tal, bevor sie sich schließlich auch über den Libanon-Gebirgszug an die Küste bequemt. Zum Ausgleich versinkt sie dort in oft dramatisch schönem Farbspiel „im Meer".

Festung der Kreuzfahrerzeit aus dem 11. Jh. in Byblos. Dieser Bau ist eine der eindrucksvollsten Kreuzritterburgen der gesamten Levante. Errichtet wurde sie, um den Küstenstreifen südlich von Tripoli abzusichern. Die Ausmaße der Burg sind gigantisch: Bei einer Grundfläche von 50x44 Metern ist ihr zentraler Donjon fast 20 m hoch. Verbaut wurden riesige, mehrere Meter lange und hohe Gesteinsblöcke, die sich in ihrer Größe nur mit denen von Baalbek messen können. Wie in Baalbek sind auch jene in Byblos antik – einst waren sie Teil des Podiums eines Adonistempels. Von den drei verbliebenen Ecktürmen aus hat man einen herrlichen Blick über das gesamte Ausgrabungsgebiet, welches vor dem modernen Jbeil unmittelbar an der Küste liegt.

Der Obeliskentempel, im Bild links vor der Kreuzritterburg, ist der einzige Bau des Grabungsareals, der von einem Zaun umgeben ist und nur von außen betrachtet werden kann. Um einen zentralen Obelisken herum wurden etliche kleinere sowie weitere Kultschreine angeordnet. Der Tempel wurde im 19. und 18. Jh. v. Chr. zu Ehren eines männlichen Gottes errichtet, ist also annähernd 4.000 Jahre alt.

Gibran nimmt in seinem Brief vom Mai 1913 Bezug auf eine Ausstellung moderner Kunst in New York – die Exponate wurden von vielen Leuten vorurteilsgeladen abgelehnt. Die einzelnen Bilder bezeichnet Gibran als „nicht besonders meisterhaft". Kubismus, Postimpressionismus, Omissionismus und Futurismus – so meint er – würden vergehen und von der Welt vergessen werden. Äußerst beeindruckt hingegen zeigt er sich vom „unvergänglichen Geist dieser künstlerischen Bewegung", seiner Meinung nach Sinnbild für den Hunger des Menschen nach Freiheit. Jene modernen Künstler bezeichnet Gibran als „freie Seelen, deren Wunsch ist, zu sein und nicht zu folgen".

Aanjar, ca. 50 km östlich von Beirut gelegen, stellt in jeder Hinsicht eine kulturhistorische Besonderheit dar. Anders als andere antike Stätten des Libanon, wo stets verschiedene Epochen und Bewohner unterschiedlichster Provenienzen ihre Spuren hinterließen, stammt Aanjar einzig aus der Zeit der Umaiyaden, der ersten Dynastie eines frühislamischen Adelsgeschlechts.

Einige Chroniken und Schriften belegen, dass die Stadt zwischen 705 und 715 von Kalif Walid I erbaut wurde. Somit ist Aanjar der jüngste der vielen archäologisch bedeutsamen Orte im Libanon. Im Gegensatz zu Tyrus und Byblos, seit ihrer Gründung vor Jahrtausenden bis heute kontinuierlich bewohnt, florierte Aanjar nur wenige Jahrzehnte – bereits 744 wurde die Stadt in Kämpfen um die Kalifennachfolge zerstört.

Einzigartig ist auch die Lage Aanjars als im Inland liegendes Handelszentrum: Zur Blütezeit der Stadt kreuzten hier die wichtigen Handelswege nach Damaskus, Homs, Baalbeck und in den Süden.

Ins Auge fallend ist die ganz eigene, besondere Schönheit von Aanjar. Die zierliche Bauweise unterscheidet sich grundlegend von jenen der übrigen historischen Stätten. Mit seinen schlanken Säulen und filigranen Bögen zeichnet sich Aanjar kontrastreich vor dem wuchtigen Massiv des Anti-Libanon ab.

Seit 1984 stehen die Ruinen von Aanjar als Welterbe unter dem Schutz der UNESCO.

Wo „Hand-Werk" noch zählt: kunstvolles Arbeiten in den Souks von Tripoli. Ein Gewirr schmaler, teils winziger Altstadtgassen bildet den Basarbereich, das charakteristische kommerzielle Viertel arabischer Städte. Traditionell liegen die einzelnen Gewerke beieinander, so gibt es den Souk der Schneider, den der Tischler, Gewürzhändler, Seifensieder, Stoffhändler, Goldschmiede, Obst- und Gemüsehändler. Typisch ist auch, dass am Ort der Herstellung gleichzeitig der Verkauf erfolgt. Im Gegensatz zu europäischen Geschäfts- und Handwerksvierteln sind die Souks reines Wirtschaftszentrum, daher im Allgemeinen unbewohnt und einstöckig.

Kirche vor dem wuchtigen Bergrücken des Libanon-Massivs.

In den Jahren 27-30 n. Chr. lehrte Jesus in Sidon, Tyrus und Qana (die Hochzeit von Kanaa!). Der Apostel Paulus hielt sich mehrfach in Phönizien auf, erste christliche Gemeinden entstanden in den Küstenstädten. Als erste große Basilika des Christentums wurde 314-317 die Bischofskirche von Tyrus errichtet. Kurze Zeit später wurde das Christentum Staatsreligion und bildete bis ins letzte Jahrhundert die religiöse Mehrheit. In der Bibel finden der Libanon, seine Orte und Gegenden an über 400 Stellen Erwähnung.

Im Alter von elf Jahren stürzt Gibran beim Klettern von einem Felsen und trägt eine komplizierte Schulterverletzung davon. Zunächst unzureichend behandelt, wird seine linke Schulter ein zweites Mal eingerenkt und vierzig Tage lang mit einer Schiene fixiert. Diese Tortur führt zu einer starken Identifikation mit Jesus, welche besonders in seinem Spätwerk „Jesus Menschensohn" (erschienen 1928) zum Ausdruck kommt. Anders als das Christentum sieht Gibran in Jesus jedoch vor allem einen Rebellen. Als tief spiritueller Mensch steht Gibran den institutionalisierten Religionen ablehnend gegenüber: „Religion? Was kann das sein? Ich kenne nur das Leben. Das Leben ist das Feld (gute Gedanken), der Weinberg (gute Worte) und der Webstuhl (gute Taten)… Die Kirche ist in euch und ihr seid eure eigenen Priester!" In seinem Werk „Der Prophet" sagt er: „Euer tägliches Leben ist euer Tempel und eure Religion." Diese Sätze könnten ebenso aus dem Tao Te King stammen wie aus dem Zen-Buddhismus oder von Krishnamurti (1895-1986), einem der bedeutendsten spirituellen Lehrer des 20. Jahrhunderts. Nicht nur in der Verneinung des organisierten Glaubens gleichgesinnt, verehrt Gibran Krishnamurti tief.

Südlich von Tripoli aus den Bergen kommend, wird man nach kurvenreicher Fahrt mit einem wundervollen Ausblick über die Bucht von Chekka belohnt. Die Industriestadt an der Küste ist Sitz von einer der größten Zementfabriken des östlichen Mittelmeerraums, welche 2005 mit Anlagen der Siemens AG modernisiert wurde.

12

Junge Malerin in der Bekaa-Ebene. Ob Musik, darstellende oder bildende Kunst, Literatur: Die musischen Bereiche des Lebens wie auch die Philosophie sind bei den Libanesen hoch angesehen.

13

„Kleiner" Dialog in Beirut Centre Ville.

14

Wie aus dem Bilderbuch: Mousaylaha, eine kleine Trutzburg am Flüsschen Al Jaouz im Hinterland von Batroun. Historiker vermuten, dass die Errichtung den Mamelucken zuzuschreiben und etwa ins 13./14. Jh. zu datieren ist. Die auf einem steilen isolierten Fels thronende Festung diente dem Schutz der Küstenroute zwischen Byblos und Tripoli. Ein Großteil der Decke und des Beobachtungsturmes sind eingestürzt, durch das Innere der zweigeschossigen Burg schlängelt sich ein Gewirr von engen Gängen, Treppen und Kammern.

15

Bauliches Miteinander von Alt und Neu: die Römischen Thermen im Zentrum Beiruts. Lange dauerte es, bis die kanaanäischen, phönizischen, römischen, byzantinischen, persischen und osmanischen Überreste für die Allgemeinheit zugänglich gemacht wurden. Die Ausgrabungen in Beirut gestalteten sich sehr schwierig. Wie viele andere antike Orte wurde auch Beruta (4. Jh. v. Chr.) oder Berytus, wie die libanesische Hauptstadt zu römischen und hellenistischen Zeiten hieß, im Lauf der Zeit teils völlig überbaut. Verstreut unter verschiedenen Wohnvierteln, liegen die antiken Überreste oft in mehreren Schichten übereinander. Wenngleich der rasche Wiederaufbau nach Ende des Bürgerkriegs etliche Schätze des klassischen Altertums unwiederbringlich zerstörte, entschieden die Verantwortlichen letztlich, die wichtigsten Funde in die neu erstrahlende Altstadt einzubeziehen – so führt heute der Archäologische Pfad durch Beiruts Innenstadt.

16

Knackig frische Ware am Straßenrand: Gemüse- und Nusshändler in der Altstadt von Saida.

Gibrans Brief vom 29. Juni 1916 bezieht sich auf die Hungerkatastrophe 1916-18. Von 1860 bis 1915 war der Libanon eine eigenständige osmanische Provinz. Im Ersten Weltkrieg wurde die selbständige Verwaltung abgeschafft und der Libanon Ende 1915 unter türkische Militärverwaltung gestellt. Beirut war eines der Zentren einer Nationalbewegung, welche von den Türken blutig unterdrückt wurde. Unter anderem wurden dort auf der Place des Canons 1916 zahlreiche Menschen hingerichtet, die seitdem Place des Martyrs heißt und heute noch an dieses Ereignis erinnert.
Die alliierte Seeblockade und Beschlagnahmung der Lebensmittel durch die deutschen und türkischen Heeresverbände führten zu schweren Hungersnöten und Seuchen, in deren Folge ca. 100.000 Menschen, vor allem Christen, umkamen. Während die deutschen Stellen dem Schicksal der Libanesen weitgehend tatenlos zusahen, kam es vor allem in den USA zu gewaltigen Protestaktionen, die u.a. von libanesischen Emigranten wie Gibran organisiert wurden. Viele Libanesen wanderten in dieser Zeit aus, vor allem in die USA, Kanada, Lateinamerika, Australien und nach Südafrika. Gleichzeitig nahm der Libanon nach dem Ersten Weltkrieg mehrere Hunderttausend armenischer Flüchtlinge auf, die unter Beibehaltung eigener sprachlicher und kultureller Traditionen Teil der libanesischen Gesellschaft wurden.

17

Schätzungen zufolge leben etwa 13 Millionen Menschen libanesischer Herkunft im Ausland, vor allem in Südamerika, in den USA und in Kanada. Andererseits war der Libanon zu allen Zeiten auch Zufluchtsort für Verfolgte. Zu den ersten, die kamen und blieben, zählen die christlichen Maroniten, die im 6. Jahrhundert Syrien verlassen mussten. In der Neuzeit reisten vor allem Flüchtlinge aus Armenien und Anatolien ein. Heute leben im Libanon allein über 400.000 offiziell registrierte Palästinenser, untergebracht sind sie meist in Lagern. Hinzu kommen Zehntausende Iraker und Kurden, die in ihren Heimatländern aufgrund von Krieg und Verfolgung um ihr Leben und das ihrer Familien fürchten müssen.

Fragmente eines über 1.000 Jahre alten, immer noch fruchttragenden Olivenbaumes. Erste archäologische Funde von Olivenkernen sind über 9.000 Jahre alt. Der häufige Hinweis in der Bibel auf den Baum und seine Erzeugnisse, auf seinen Überfluss im Land von Kanaan und den wichtigen Platz, den er in der Wirtschaft von Syrien hat, lässt vermuten, dass dort der Ursprung des kultivierten Olivenbaumes liegt. Möglicherweise gelang das Kultivieren zunächst erst wenigen Stammesgemeinschaften, die den Olivenbaum dann weitergaben. So wurde die Pflanze zum Zeichen des Friedens (Flagge der UNO). In Wirtschaft, Religion, Kunst und Mythologie spiegelt sich diese wichtige Rolle des Olivenbaums wider. Der Bibel nach bildete die Ölfrucht einen bedeutenden Teil des Reichtums und war neben Feigenbaum und Weinstock Sinnbild für Wohlstand und bürgerliches Glück. Auch im Koran findet der Ölbaum häufig Erwähnung. In Ägypten stammt der erste Nachweis vom Anbau aus der 18. Dynastie: Im Grab von Tutanchamun wurden Blätter des Ölbaums gefunden.

Zu Homers Zeiten benutzte man in Griechenland das Holz des wilden Ölbaums seiner großen Festigkeit wegen zur Anfertigung von Axtstielen. Das Öl diente zum Salben des Körpers, war aber den Reichen und Edlen als Luxusgut vorbehalten, wie es in der Ilias beschrieben wird. In zahlreichen griechischen Stadtstaaten war es gesetzlich verboten, Olivenbäume zu fällen. Im 6. Jahrhundert v. Chr. kam der Olivenbaum nach Italien. Wie schon in Griechenland bedeutete ein Kranz aus Ölzweigen die höchste Auszeichnung für einen verdienten Bürger.

Zum Zitat: Der Ausbruch des Ersten Weltkriegs weckt in Gibran zunächst die nahe liegende Hoffnung, dass die arabischen Länder im Schulterschluss das unter der türkischen Militärregierung leidende Volk Syriens befreien könnten. Er ruft Muslime und Christen auf, beider Kräfte im Kampf gegen die Unterdrücker zu vereinen. Die Erkenntnis, trotz allem – auch finanziellen – Engagements nichts ausrichten zu können, zermürbt Gibran zusehends. Angesichts seiner Ohnmacht dem weiteren Kriegsgeschehen gegenüber fällt er in eine jahrelange schwere Depression.

In der karstigen Bergwelt bei Faqra überspannt diese grandiose Natursteinbrücke mit einem Bogen von 38 Metern ein Flussbett.

Dieser steinerne Gigant lächelt den Besuchern von Jeita entgegen. Betraut mit den Aufbauarbeiten (1994/95) nach dem Ende des Bürgerkrieges, legte der Geschäftsführer der Jeita Grotten (siehe 52), Dr. Ing. Nabil Haddad, auch auf die Gestaltung der Außenanlagen besonderen Wert. So ließ er speziell mit Blick auf die jüngsten Gäste einen kleinen Tierpark anlegen. In einem kunstvoll gestalteten Gärtchen kann man Bildhauerarbeiten zu phönizischen Themen bewundern, Werke regionaler Künstler. Eine aus österreichischer Konstruktion stammende Seilbahn wurde installiert, um die Besucher vom Parkplatz zum Eingang der oberen Grotte zu bringen – sowohl Auf- als auch Abfahrt bescheren wunderschöne Ausblicke in das Flusstal des Nahr al-Kalb. Alternativ kann man sich von einer kleinen Bimmelbahn fahren lassen. Dr. Haddad (der übrigens in Deutschland Maschinenbau studierte und Mitbegründer der Grünen in Delmenhorst ist) bestand außerdem auf die Umsetzung konsequenter Maßnahmen zum Umweltschutz: Einführung der Mülltrennung, Verwendung ausnahmslos recyclingfähiger Materialien, kein Verkauf von Dosengetränken, Verzicht auf Reinigungschemikalien auf dem gesamten Gelände, Schaffung jeweils natürlicher Lebensräume für die Tiere des kleinen Zoo, bei Bauarbeiten ausschließliche Verwendung von Steinen aus der Umgebung.

„Welcome" bekommen Libanon-Reisende am häufigsten zu hören – und dieses Wort meint weit mehr als nur eine belanglos-freundliche Floskel. Es bedeutet Einladung, Offenheit, respektvolles Interesse und im wahrsten Sinn des Wortes „willkommen sein". Kurz: Es ist Ausdruck einer besonderen Herzenshaltung. Der warme Blick dieses Nordlibanesen spiegelt das gesamte Spektrum von „welcome".

Das von Gibran beschriebene Lächeln gehört zu dem von ihm hoch verehrten Abdul-Baha. Der Perser, ältester Sohn und Nachfolger von Baha'u'llah, des eigentlichen Stifters der Bahai Religion, bereist zwischen 1910 und 1913 Nordamerika und Europa, um für Frieden unter den Religionen und Nationen zu werben. Die beiden Männer treffen sich in den Morgenstunden des 19. April 1912. Nach fast schlafloser Nacht (gerade hatte die Nachricht vom Untergang der Titanic die Runde gemacht) zeichnet Gibran ein Portrait von Abdul-Baha, welches als getreue Wiedergabe des religiösen Meisters großen Anklang findet. Durch sein humanitäres Engagement, vor allem während des 1. Weltkrieges, gelangt Abdul-Baha zu großer öffentlicher Anerkennung. 1921 stirbt er in Haifa, seitdem Wallfahrtsort der Bahai-Anhänger.

Plakatgeschmückte Fassaden im Zentrum von Tripoli anlässlich der Parlamentswahlen am 7. Juni 2009.

An dieser Stelle sei auf den wahren geistigen Vater eines weltberühmt gewordenen Ausspruchs verwiesen. Die hier zitierte Frage stellt Gibran in seinem 1925 verfassten Aufsatz „The New Frontier" – fälschlicher Weise werden sie bis heute J. F. Kennedy zugeschrieben. Dessen Redenschreiber Theodore Sorensen prägte die Antrittsrede anlässlich Kennedys Vereidigung am 20. Januar 1961 als 35. Präsident der USA wesentlich durch die leicht abgewandelten Worte Gibrans: „Fragt nicht, was euer Land für euch tun kann, sondern fragt, was ihr für euer Land tun könnt."

Genau 48 Jahre und neun Präsidentschaften später „zitierte" Barack Obama in seiner Antrittsrede am 20. Januar 2009 angeblich Kennedy und entfachte wie jener Begeisterungsstürme – doch ist de facto ein libanesischer Dichter, Philosoph und Maler Urheber dieser unbequemen Betrachtung!

Gibran lässt im besagten Aufsatz seiner Frage die Feststellung folgen: „Gehörst du zu ersteren, bist du ein Parasit – gehörst du zu letzteren, dann bist du eine Oase in der Wüste."

Gibran, auch als kongenialer Maler sehr erfolgreich, hält 1925 das Portrait von Mary Haskell in der Zeichnung „Vier Gesichter" fest.

Drei Frauen sind es vor allem, die Gibran entscheidend beeinflusst haben: seine Mutter, Mary Haskell und die ägyptische Schriftstellerin May Ziadeh.

Im Mai 1904 begegnet der 21-jährige Gibran auf einer Ausstellung in Boston, die der Künstler und Fotograf Fred Holland Day für ihn organisiert hat, der zehn Jahre älteren Mary Haskell. Gibran ist zu jener Zeit voll Trostlosigkeit und Verzweiflung. Innerhalb von 14 Monaten verliert er seine Lieblingsschwester Sultana und seinen Halbbruder Boutros (beide nach den langen Jahren der Entbehrungen und Anstrengungen an Tuberkulose leidend) sowie seine über alles geliebte Mutter Kamila aufgrund einer Krebserkrankung. Mary Haskell, Leiterin einer Mädchenschule, erkennt sofort sein künstlerisches Potenzial und fördert ihn jahrelang großzügig. Sie lädt Gibran ein, seine Bilder in ihrer Schule auszustellen, und finanziert ihm einen zweijährigen Studienaufenthalt in Paris. Auch kauft sie dem noch unbekannten Gibran etliche Bilder ab, damit er sich seiner Kunst widmen kann, ohne sich um seinen Lebensunterhalt sorgen zu müssen. Später, als Gibran auch als Schriftsteller erfolgreich wird, korrigiert sie die englischen Versionen seiner Werke bis zu seinem Tod. Auf persönlicher Ebene verhält sie sich ihm gegenüber jedoch ambivalent. Gibran macht ihr mehrfach einen Heiratsantrag. Mary stimmt jedes Mal zunächst zu, zieht jedoch kurz darauf ihre Zusage zurück, um Gibran dann mit einem vagen „vielleicht" in der Hoffnung zu halten. Dieses Spielchen läuft über einige Jahre, bis Gibran sich schließlich verletzt und resigniert zurückzieht. 1926 heiratet Mary den Witwer ihrer Kusine. 1964 stirbt sie im Alter von fast 91 Jahren.

Von der ersten Begegnung bis zu Gibrans Tod führt Mary Haskell 27 Jahre lang ein gesondertes Tagebuch, worin sie ihrer beider Begegnungen und Gespräche auf Tausenden von Seiten festhält. Vor ihrem Tod vermacht sie diese Niederschriften zusammen mit Gibrans 325 Briefen an sie und ihren 290 Briefen an ihn der Universitätsbibliothek von North Carolina. Auszüge aus diesen Tagebuchaufzeichnungen und des Briefwechsels erscheinen erstmals 1972 unter dem Titel „Beloved Prophet".

Ein majestätisches, über 1.000 Jahre altes Exemplar der Zeder, zentrales Symbol der libanesischen Nationalflagge. Von den riesigen Wäldern der Libanonzeder, die einst alle Berggebiete Vorderasiens bedeckten, ist leider nur noch ein bedenklich kleiner, gefährdeter Bestand übrig geblieben. Etwa im dritten Jahrtausend v. Chr. begann die radikale Nutzung dieses nahezu unverwüstlichen Holzes. Ausgehend von Küstenstädten wie Byblos wurden die Zedern nach Ägypten exportiert. Die letzte große Rodung erfolgte im Ersten Weltkrieg, als die britischen Truppen eine Eisenbahnlinie von Tripoli nach Haïfa bauen ließen – außerdem wurden mit dem Holz die Lokomotiven befeuert! Mittlerweile steht der bis zu 40 m hohe Baum, der in Höhenlagen zwischen 1.600 und 2.200 Metern wächst, unter strengem Schutz. Am bekanntesten ist das kleine Zedernwäldchen oberhalb von Bcharré – hier stehen mit einem Alter bis zu 3.000 Jahren die ältesten Verwandten von Kiefer und Lärche. Das größte Zedernvorkommen findet man jedoch oberhalb von Barouk im Al-Shouf Reservat, einem ca. 550 km² großen Naturschutzgebiet.

Sinnlichkeit als Teil des Lebens: Erotik im Orient. Wie hier in Tripoli werden vielerorts textile „Appetizer" angeboten – ganz offen und selbstverständlich, doch im Gegensatz zu westlichen Freizügigkeiten nie ins Billig-Ordinäre abgleitend…

Küstenstreifen im Südlibanon kurz vor der Grenze zu Israel – das Meer ist tatsächlich so blau!

Ein junges muslimisches Paar blickt auf die Altstadt von Saida, dem antiken Sidon.

Die ältesten Spuren der Besiedelung gehen bis ins 4. Jahrtausend v. Chr. zurück. Doch erstmals im 14. Jh. v. Chr. fand die Stadt, einst Vasallenkönigreich Ägyptens, in einem Brief ihres Königs Zimrida an Pharao Amenophis IV. (Echnaton, Vater von Tutanchamun) Erwähnung.

Wenngleich im Laufe der nächsten Jahrhunderte die einzelnen kleinen Reiche des Küstenstreifens zu Phönizien zusammenfanden, konnte von staatlicher Einheit keine Rede sein – man stritt heftig um die Märkte. Schärfste Konkurrentin Sidons war das nahe gelegene Tyrus. Grundsätzlich unterstützte eine Stadt die Feinde der anderen. Sequenzen von Zerstörung und Wiederaufbau der Stadt zogen sich durch die nächsten Jahrhunderte. Gleichzeitig wurden Purpurherstellung, Schiffbau, Glasindustrie und Bronzeschmiedekunst perfektioniert.

In Reichtum, Handel und religiöser Bedeutung muss Sidon alle anderen phönizischen Städte übertroffen haben.

Durch die Übernahme in das hellenistische Staatsgebilde und das spätere Imperium Romanum verlor Sidon zwar seine Unabhängigkeit, gewann jedoch an wirtschaftlicher Bedeutung. Diese endete 551, als ein schweres Erdbeben die meisten Küstenstädte verwüstete und von Sidon kaum mehr als ein Fischerort übrig blieb. Im Jahre 1110 nahmen Kreuzritter die Stadt ein.

Im Hafen von Sidon, dem alten Phönizierhafen, steht die nur noch zum Teil original erhaltene Wasserburg, 1227/1228 für den Aufenthalt Kaiser Friedrichs II. in Windeseile errichtet. So wurden massive Granitsäulen antiker Gebäude sowohl ins Fundament als auch in die starken Außenmauern eingebaut – nähert man sich der Burg, fallen die Querschnitte der verwendeten Säulen sofort ins Auge. Die Kreuzritter wurden 1291 von den Mamelucken endgültig vertrieben. Unter deren Herrschaft folgten neuerlich Jahrhunderte des Wohlstands und der kulturellen Blüte.

Sidon war einer der Häfen von Damaskus und erhielt neben Tripoli Konsularrecht. Der Niedergang des Osmanischen Reiches Mitte des 17. Jh. brachte das Aus für die Handelshäfen mit sich. So sank auch Sidon mehr oder weniger in die Bedeutungslosigkeit.

In die Altstadt eingreifende neuzeitliche Baumaßnahmen richteten erheblichen Schaden am Ortsbild und an der antiken Substanz der einst so stolzen Stadt an – Hobbyarchäologen taten das Ihre.

Auch bei Nacht imposant: die Mohammad al-Amin-Moschee im Zentrum Beiruts. Im Oktober 2008 feierten Tausende von Menschen, darunter muslimische Gelehrte und Politiker, die Einweihung der landesgrößten Moschee.

Die Glocken vieler Kirchen läuteten während der Zeremonie, der auch Persönlichkeiten aus Saudi Arabien, den Vereinigten Arabischen Emiraten, Qatar, Oman, Kuwait, Djibouti und Palästina beiwohnten. Saad Hariri, Sohn des 2005 ermordeten ehemaligen libanesischen Ministerpräsidenten, Rafik Hariri, erinnerte an die Grundsteinlegung durch seinen Vater im Jahre 2002. Die Böden des 10.000 m² Bauwerks sind mit kostbaren orientalischen Teppichen ausgelegt, die Wände mit Versen aus dem Koran verziert. Die Moschee ist aus dem gleichen gelben Sandstein errichtet, mit dem auch das Zentrum Beiruts wiederaufgebaut wurde.

Trotziges Leben im einst blühenden Heliopolis. Aufwändig gearbeitete korinthische Kapitelle und reiche filigrane Verzierungen des Gebälks charakterisieren den Altarhof des Jupiter-Heiligtums, Zentrum der gigantischen Tempelanlage in Baalbek.

Funde früher Siedlungshügel belegen, dass der Bereich der heutigen Stadt Baalbek Ende des 8. Jahrtausends v. Chr. erstmals bewohnt wurde. Somit handelt es sich hier um eines der ältesten besiedelten Gebiete des „fruchtbaren Halbmondes". Baalbek liegt auf begünstigtem Gebiet, einer Wasserscheide, was schon in frühen Zeiten intensiven Getreide- und Obstanbau ermöglicht. Viele Quellen in der näheren Umgebung verleihen dem Ort einen oasenhaften Charakter. Der Name „Baalbek" ist kanaanäischen Ursprungs und etwa mit „Baal, Gott der Quelle" zu übersetzen.

Über vier Jahrhunderte erstrecken sich die – letztlich unvollendet gebliebenen – griechisch/römischen Bauarbeiten des Tempelbezirks. Unter hellenistischer Herrschaft wird mit dem Bau des Heiligtums begonnen, nachweislich ist Baalbek im 1. Jh. v. Chr. Heilige Stadt. Unter Kaiser Augustus beginnen 15 v. Chr. dann römische Baumeister mit der Errichtung des Großen, so genannten Jupiter-Tempels. In die Zeit Neros fallen 60 n. Chr. inschriftlich bezeugte Bauarbeiten am Jupiter-Tempel sowie der Baubeginn des Bacchus-Tempels. Im Verlauf der nächsten drei Jahrhunderte wird die Anlage ständig erweitert (Fertigstellung des Bacchus- und Bau des Venus-Tempels) und prachtvoll ausgestattet.

Im Zuge der Christianisierung lässt Theodosios I. im Jahr 380 n. Chr. das Heiligtum teilweise zerstören und demonstrativ auf gleichem Areal eine Kirche errichten. Nach der Eroberung Baalbeks durch die Araber im Jahre 636 bauen die Umaiyaden eine Freitagsmoschee auf dem römischen Forum. Im Kampf gegen die Kreuzfahrer bekommt die Tempelanlage strategische Bedeutung und wird zur Zitadelle umgewandelt. Ein katastrophales Erdbeben 1170 richtet schwere Verwüstungen an, 1260 überrennen die Mongolen Syrien und zerstören auch Baalbek. 1759 beschädigt ein weiteres Erdbeben große Teile der Anlage. In der Folge wird sie als Steinbruch genutzt.

Der Besuch des Heiligen Landes führt 1898 den deutschen Kaiser Wilhelm II. auch nach Baalbek – angesichts der monumentalen Bauten mit ihren über 30 m hohen Säulen ist Seine Majestät über alle Maßen beeindruckt! Er veranlasst die Zusammenstellung eines hoch qualifizierten Archäologenteams, welches umgehend die Restaurierungsarbeiten aufnimmt, Schutt abträgt und Säulen wieder aufrichtet. An diese architektonische Leistung erinnert eine Gedenktafel im Inneren des Bacchus-Tempels. Im November 1998 wird in libanesisch-deutscher Kooperation ein Museum in den Substruktionen (Unterbauten) des Jupitertempels eröffnet. Dr. Margarete van Ess, wissenschaftliche Direktorin der Orient-Abteilung des Deutschen Archäologischen Instituts, betreut das Projekt federführend.

Seit 1984 genießt Baalbek als Welterbe den Schutz der UNESCO.

In 1.700 m Höhe findet man mit den weitläufig verstreuten Ruinen des römischen Tempel- und Nekropolenkomplexes Faqra die höchstgelegenen Bauten, welche die Römer je errichteten. Zwei Inschriften zeugen von baulichen Maßnahmen des Kaiser Claudius im Jahre 43. Vier Jahrhunderte später diente der Tempel als Kirche.

Nur wenige Kilometer entfernt haben Skibegeisterte die Möglichkeit, ihrer Leidenschaft zu frönen. So im Faqra Club, einem der weltweit ersten privaten Skiclubs. Ein Stückchen weiter liegt in knapp 2.000 m Höhe der bedeutendste Skiort des Libanon, Faraya, von wo aus einige Lifte bis auf den 2.465 m hohen Dôme du Mzaar führen.

Wer „Skifahren im Vorderen Orient" für eine jener neumodischen Verrücktheiten hält, irrt gewaltig: Der Skisport hat in Libanon eine lange Tradition. Als im Jahre 1913 ein libanesischer Ingenieur aus der Schweiz in seine Heimat zurückkehrte, brachte er auch den alpinen Sport mit. Richtig populär wurde der Wintersport in den dreißiger Jahren, als unter französischem Mandat 1935 die erste Skischule gegründet wurde. Ende der vierziger Jahre nahmen libanesische Skiläufer erstmals an den Olympischen Winterspielen teil.

Bis dato gibt es sechs Skigebiete im Libanon. Neben Faraya Mzar und Faqra Club gibt es Laqluq, Qanat Bakich, Zaarur bei Baskinta sowie das älteste Skiareal Al-Arz oberhalb von Bcharré. Dort, in der Nähe der Zedern, führt ein Schlepplift auf die höchste aller Anlagen, den 2.800 m hoch gelegenen Pic des Dames.

Von der Piste an den Strand: Hier, nur 15 km Luftlinie von der Küste entfernt, sollte man stets auch Badesachen im Gepäck haben – wo sonst auf der Welt hat man schon die Gelegenheit, bis in den April hinein Ski fahren und nur eine Stunde später im Meer schwimmen zu können?!

Über Bcharré zieht ein Sturm auf – das Lieblingswetter Gibrans!

Einer der vielen duftenden Pinienwälder des Landes, hier bei Btekhnay im Hinterland von Beirut.

Viel gerühmt werden die antiken Zeugnisse Ägyptens, Roms und Griechenlands – doch Baalbeks Monumentalitäten stellen alles in den Schatten. Ist das Jupiter-Heiligtum das mit Abstand größte Bauwerk, das die Römer je errichteten – die Akropolis würde über 12mal auf die Fläche passen! – übertrifft selbst der „kleine" Bacchus-Tempel in seinen Ausmaßen die Athener Berühmtheit.

Und welchen Ruf erst haben die Pyramiden! Doch deren Monolithen muten im Vergleich zu denen Baalbeks fast niedlich an. Aus Ägypten und Mesopotamien sind Darstellungen bekannt, wie dort Steinblöcke mit Hilfe von Seilen, Holzrollen und Tausenden von Arbeitern transportiert wurden. Außerdem wurden diese „kleinen" Steine mit einem Durchschnittsgewicht von nur etwa 2,5 Tonnen über ebene Strecken mit genügend Rangierraum bewegt.

Doch die in Baalbek verbauten Monolithen geben bis heute Archäologen, anderen Wissenschaftlern und Ingenieuren große Rätsel auf. Jeweils rund 20 m lang, 4 m hoch und 3,60 m breit, sind sie in 6 Metern Höhe in den Jupiter-Tempel eingefügt. Nach der Schätzung von Experten wiegt jeder dieser gigantischen Fundamentblöcke, die schon im Altertum als Weltwunder angesehen wurden, weit über 1.000 Tonnen. Sie gelten als die größten Bausteine, die je von Menschenhand geschaffen wurden. Vollkommen unklar ist, wie derartig große Steine gebrochen, transportiert und exakt in das Fundament eingepasst werden konnten. Dies gilt sowohl für die technischen Möglichkeiten in der Antike als auch für die modernen Methoden der Gegenwart.

Das Foto zeigt den größten Stein der Welt. Jener wurde nicht mehr zu seinem fast einen Kilometer entfernten Bestimmungsort gebracht: Knapp 22 m lang, bis 4,25 m hoch und 5,35 m breit bringt es dieser aus einem Stück geschnittene steinerne Koloss auf ein Schätzgewicht zwischen 1.200 und 2.000 Tonnen bei einem Raummaß von über 504 km^3!

Zum Zitat: Gibran beklagt die zunehmende seelenlose Industrialisierung und den Rückgang der alten Handwerkskünste. Er empfindet dies als Verlust von etwas ungeheuer Wertvollem. Kennt die ganze Welt Gibran als Philosophen, Dichter und Maler, bleibt seine Leidenschaft für das Holzschnitzen weitgehend unbekannt. Ist er müde, erschöpft oder irgendeiner Sache überdrüssig, arbeitet er an Schnitzereien, „um mich von mir selbst auszuruhen und von jedem anderen Menschenwesen". Er hinterlässt etliche Figuren, in Technik und Ausdruck ebenso perfekt wie seine anderen Werke in Wort und Bild.

Mit stolzem Selbstverständnis präsentiert dieser Tischler sich und seine Werkstatt in den Souks von Tripoli – Handwerk erfährt im Libanon eine besondere Wertschätzung.

Gibran schreibt hierzu: „Arbeit ist sichtbar gemachte Liebe. Und wenn ihr nicht mit Liebe, sondern nur mit Unlust arbeiten könnt, dann ist es besser, eure Arbeit zu verlassen und euch ans Tor des Tempels zu setzen, um Almosen zu erbitten von denen, die mit Freude arbeiten. Denn backt ihr euer Brot mit Gleichgültigkeit, so backt ihr ein bitteres Brot. Und presst ihr murrend eure Trauben, so träufelt euer Groll Gift in den Wein."

Schlechte Karten für Frösche: Dieser kleine verlandende See im Bekaa-Tal liegt an einer der wichtigsten Reiserouten unserer Zugvögel und wird zweimal jährlich von etwa 400.000 Störchen überflogen, 85% des europäischen Gesamtbestandes. Die Adebare rasten hier gern, finden sie doch in dem Feuchtgebiet einen üppig gedeckten Tisch vor!

Zahle, die „Braut der Beqaa" gilt als kulinarisches Eldorado – und zur Abrundung eines erstklassigen Essens gehört ein türkischer Mokka! Im Wadi El-Aarayesh, der einzigartigen Gastronomiemeile im Norden Zahles, liegt im schmalen Flusstal des Berdaouni unter freiem Himmel ein Restaurant, ein Café neben dem anderen – von durchweg hervorragender Qualität. Wein und Poesie, Wirtschaft und Handel begründen das Renommee Zahles. Von seiner alten Architektur konnte Zahle, heute administrative und kommerzielle Hauptstadt der Beqaa, leider nur wenig bewahren.

Zum Zitat: Nach Gibrans Sturz von einem Felsen stellt sein Körper im Alter von elf Jahren das Wachstum ein. Er wird nicht größer als 1,60 oder 1,62 m und leidet darunter, nicht höher gewachsen zu sein. Nicht, dass er körperlich unbedingt kräftiger erscheinen will als andere Männer, nur – er wäre so gern einfach „ganz normal".

In den bunten Souks von Tripoli: Warenpräsentation im Khan der Seifensieder. Als Khan wird ein spezieller Handwerkerhof bezeichnet, eine Art Handelszentrum für ein Gewerbe.

Familie Hassoun, seit Generationen im Seifengeschäft tätig, trotzte der allgemeinen Entwicklung hin zu fabrikatorisch gefertigten Produkten. Unter dem geschützten Markennamen "Khan al Saboun" produziert sie über hundert verschiedene Sorten Seife, welche zu 98% exportiert werden.

Neben der reinen Olivenölseife werden die Linien Parfüm-, Therapie- und Aromatherapieseife hergestellt. Die Qualität dieser Naturseifen ist unvergleichlich, stets dient kalt gepresstes Olivenöl als Grundlage. Der für einige Seifen verwendete Honig wird von der Familie Hassoun selbst geimkert.

Fruchtige Essenzen wie Mandelöl, Kokosnuss, Zitrone und Orangenblüten kommen ebenso zum Einsatz wie Gewürze, z.B. Zimt, Kardamom, Ingwer und Kümmel. Eine Linie der Manufaktur Hassoun bindet Kräuter wie Minze, Kamille, Mohn, Rosmarin, Salbei und Lavendel mit ein. Alle Inhaltsstoffe werden sorgfältig ausgewählt und geprüft, um die absolute Reinheit der handgefertigten Seifen zu garantieren. Neben dem Stammsitz in Tripoli gibt es seit 1999 auch in verschiedenen anderen arabischen Städten eigene Geschäfte. Hauptabsatzmarkt ist jedoch Frankreich, wo die Seifen in den sechzig Filialen eines spezialisierten Händlers angeboten werden.

Die Nachfrage ist oft höher als das Angebot – kommt es zu einem Engpass bei bestimmten Rohstoffen, können einige Sorten zeitweise nicht hergestellt werden. Die Exklusivität der Seife aufgrund der geringen Produktionsmenge ist neben der Sortenvielfalt sicherlich einer der Erfolgsfaktoren.

In der Nekropole im antiken Teil von Tyrus, dem heutigen Sour, wurden im Zuge der 1962 beginnenden Ausgrabungen unzählige Sarkophage, Grabdenkmäler und Monumente mit Wandgräbern freigelegt. Datiert wurden die Gräber auf das 2. bis 6. Jh. und sind somit der römischen bzw. byzantinischen Epoche zuzuordnen. In mehreren Reihen neben- oder auch übereinander liegen die aus Marmor und anderem Gestein gehauenen Särge, von denen einige kunstvoll mit Inschriften versehen, Bilder- oder Ornamentfriesen verziert sind. Einige offene Grabstätten, die teilweise als Podest für Sarkophage dienten, beherbergen noch ein paar Haufen ausgeblichener Knochenreste. Die schönsten Exemplare, die in dieser eindrucksvollen Gräberstraße gefunden wurden, sind in Beirut im Nationalmuseum zu bewundern.

Noch immer wird das für arabische Länder typische Fladenbrot traditionsgemäß hergestellt.

Die Grotte von Afqa mit der Quelle des Nahr Ibrahim. Pythagoras (um 570 bis etwa 510 v. Chr.) wurde hier getauft. Gleichzeitig rankt sich der Adonis-Mythos um diesen Ort. Eine Version besagt, dass der Streit zwischen den Göttinnen Aphrodite und Persephone um Adonis den Jüngling das Leben kostete. Sein Blut färbte das Wasser rot. Diese Geschichte ließ bereits vor über 3.000 Jahren Tausende von Gläubigen zur Grotte pilgern. Etwas rationalere Betrachter führen die Rotfärbung des Wassers darauf zurück, dass zu Beginn der Regenzeit die rote Erde aus den Bergen in den Fluss gespült wird. Kein Wunder, dass in der Antike sagenhafte Vorstellungen in diesem gewaltigen Naturschauspiel einen idealen Rahmen fanden! Bei niedrigem Wasserstand im Sommer und Herbst kann die riesige Höhle betreten werden.

Vorbei die Zeiten, in denen Seife nur in viereckiger oder runder Form zu haben war: Fast wirken sie wie Rosenkränze, die aufgereihten Seifen-Perlen aus der Werkstatt der Manufaktur Sharkass.

Das im ersten Teil erwähnte Zitat veranschaulicht den gelebten Bezug Gibrans zu seiner Parabel „Die Perle", veröffentlicht in „Der Wanderer".

Douma, ein Paradies für Bergwanderer, hat einen Namen phönizischen Ursprungs, welcher „Ort der Stille und des Friedens" bedeutet. Douma – mit seinen für maronitische Dörfer typischen roten Dächern – ist stolz auf seine antiken Vorfahren. So finden sich auf dem Rasen vor dem örtlichen Postamt einige Meilensteine und Ölpressen aus der romanischen bzw. byzantinischen Ära. Des Weiteren steht im Ort ein Sarkophag mit einer griechischen Inschrift, welche besagt, dass dort Castor im Jahre 317 beigesetzt sei. Castor war Priester der griechischen Gottheiten Hygeia und Asklepios, zuständig für Gesundheit und Heilung. In der näheren Umgebung von Douma sind außerdem die Ruinen der Kreuzfahrerburg Qalat al-Hosn zu besichtigen.

Beirut – urbaner Phönix aus der Asche. So oft in ihrer wechselvollen Geschichte wurde diese stolze Stadt zerstört und unverdrossen wieder aufgebaut, dass sie auch den Beinamen „die Stadt, die niemals stirbt" trägt. Nach Beendigung des Bürgerkriegs lagen die prachtvollen Bauten der Innenstadt Beiruts in Trümmern – sie wurden originalgetreu aufgebaut. Heute, 20 Jahre später, hat es Beirut erneut zu Wohlstand gebracht. Längst ist das einstige „Paris des Orients" wieder ein bedeutender Drehpunkt für Handel, Finanz- und Bankenwesen, für Kunst und Kultur, für Gastronomie und Tourismus.

Deir El-Qamar, ein architektonisches Kleinod in den Bergen südöstlich von Beirut. Seine öffentlichen und historischen Gebäude gruppieren sich um den großen Hauptplatz mit der markanten Emir-Fakhreddin-Moschee aus dem frühen 16. Jh.

Picknick vor grandioser Kulisse: das Gelände vor dem Großen Tempel in Faqra. Naturliebhaber können die herrliche Landschaft auch beim Wandern, Radfahren oder Reiten genießen.

Ein modellierter Gibran im Wachsfigurenmuseum von Byblos.

Nach einem Besuch der zierlichen Ruinen von Aanjar sollte man unbedingt eines der vielen Fischrestaurants der Umgebung aufsuchen. In einzigartigem Ambiente kann man hier fangfrische Forellen und exquisite Mezze genießen – für akustische Untermalung sorgen die Wasserkaskaden aus den Bergen sowie ein vielstimmiger Frosch-Chor.

Klöster im Wadi Qadisha, dem „Tal der Heiligen". Tief schnitt hier der Fluss Qadisha in den Kreidekalkstein des Gebirges ein. Seit 1998 UNESCO Welterbe, gehört das heilige Tal, wie es auch genannt wird, zu den schönsten und eindrucksvollsten Landschaften des Libanon. Bereits im dritten Jahrtausend v. Chr. sollen seine Höhlen bewohnt gewesen sein. Im Laufe des 6. Jh. kamen aufgrund innerchristlicher Zwistigkeiten die ersten Maroniten, Anhänger des Heiligen Maron (†410), aus dem heutigen Syrien, um sich dort zu verstecken. Im Mittelalter wurden die Höhlen und Zufluchtstätten von christlichen Mönchen wiederentdeckt. Sie bauten Kapellen, Einsiedeleien und hauten Klöster in Felsen. Mönche aller Konfessionen, darunter muslimische Sufis, zogen und ziehen sich hierher in die Abgeschiedenheit zurück, um ein Leben in Kontemplation und Meditation zu führen.

Seit 1803 am selben Ort: Bereits in der siebten Generation fertigt Familie Sharkass naturreine Seifen. Dabei kommt manch Gerät zum Einsatz, das noch aus dem Besitz des Gründers stammt, Urururgroßvater des heutigen Seniorchefs. So auch der gusseiserne Kessel, in welchem das edle kalt gepresste Olivenöl aufbewahrt wird, das als Basis für alle Seifen dient. Auch in der Manufaktur Sharkass finden ausschließlich natürliche Zutaten Verwendung, z.B. Honig, Pinie, Jasmin, Zitrone, Amber, Rose, Moschus, Lavendel sowie verschiedenste Kräuter und Gewürze.

51

Nachbauten von Gebäuden aus der französischen Mandatszeit flankieren den schönsten Platz von Beiruts Zentrum. Ausgrabungen Anfang der 90er Jahre brachten es ans Tageslicht: Bereits vor mindestens 50.000 Jahren kamen Menschen auf die Halbinsel, die heute Beirut trägt. Doch erst gegen Ende des 3. Jahrtausends v. Chr. entwickelte die Besiedelung städtische Formen. Um 1400 v. Chr. wuchs Beruta, wie der Ort in ägyptischen Tafeln genannt wurde, zu einer wichtigen Hafen- und Handelsstadt heran, zur vollen Bedeutung lief das frühe Beirut jedoch erst zu phönizischen Zeiten auf. Jahrhunderte der Blüte folgten – erst seit kurzem sind die wahren Ausmaße des hellenistischen und römischen Berytus bekannt. Im Juli 551 n. Chr. wurde die Stadt von einem schweren Erdbeben zerstört, dem eine Flutwelle folgte. Das Wiedererstarken zog sich hin und kam erst mit Beginn der persischen Ära 639 n. Chr., welche ein erneutes Prosperieren Beiruts bedeutete. 975 n. Chr. nahmen Byzantiner die Stadt ein, ihnen folgten die Kreuzritter, dann die Mamelucken, unter deren Herrschaft (bis 1517) Beirut wichtiger Ausfuhrhafen für Damaskus wurde. Die darauf folgende osmanische Oberherrschaft brachte Zeiten der Zerstörung. 1773 wurde Beirut von einer russischen Flotte bombardiert, 1840 von den Österreichern, Engländern und Türken. 1860 begannen die Massaker an den Christen. Viele Maroniten flohen nach Beirut, die Stadt legte sich ein zunehmend christliches Bild zu. 1943 wurde der Libanon unabhängig und von Beirut aus verwaltet. Während der 40er Jahre kam es wiederholt zu politischen Unruhen. In den 1960er Jahren erlebte Beirut eine Periode relativer Ruhe – Wohlstand kam auf, der Tourismus, wichtigste Einnahmequelle des Landes, blühte. Anfang der 70er Jahre kam es wiederum zu Spannungen, die 1975 schließlich zum Ausbruch des Bürgerkriegs führten, der bis 1990 andauerte. Andauernde Konflikte mit dem Nachbarn Israel führten im Juli 2006 zu einer fast fünf Wochen dauernden Bombardierung Beiruts, wobei etwa 1.600 Menschen ihr Leben verloren – die Antwort Israels auf die Entführung zweier ihrer Soldaten durch die Hisbollah. Zu hoffen bleibt, dass es endlich gelingt, zu einem dauerhaften Frieden zu finden, damit nicht nur Beirut, sondern der gesamte Libanon zur alten Pracht zurückfinden kann.

52

Eine der weltweit wunderbarsten Schöpfungen der Natur: die Grotten von Jeita. Wasser, das aus den Bergen dem Nahr el-Kalb zufließt, schuf in Hunderttausenden von Jahren dieses einzigartige Höhlensystem aus Kalkstein.
1836 führte das ungewöhnliche Echo eines Schusses zur Entdeckung der unteren Grotte. Die erste Expedition in den Berg im Jahre 1873 musste nach 1.000 m wegen Wasserfalls aufgegeben werden. In weiteren Expeditionen, durchgeführt zwischen 1947 und 1954, erkundete die libanesische Vereinigung für Höhlenforschung die Grotte über 6.200 m, bis eine unpassierbare Verengung ein Weiterkommen verunmöglichte. Durch ein Loch in der Decke wurde 1958 die zweite, obere Grotte entdeckt, 2.100 m lang. Zu deren Erschließung wurde ein 117 m langer Tunnel gebohrt, welcher noch heute den Eingang darstellt. 1969 wurden die Jeita-Grotten schließlich offiziell eingeweiht. Während der dunklen Zeit des Bürgerkriegs blieben die Grotten daselbst unversehrt, doch alles bis dato für Besucher Geschaffene wurde zerstört. In desolatem Zustand fand Dr. Nabil Haddad im Jahre 1994 das gesamte Areal vor, dessen Wiederaufbau er in nur anderthalb Jahren bewerkstelligte.
Nicht umsonst gelten die Jeita-Grotten mit ihrer Gesamtlänge von über 9.000 m als Weltwunder der Natur. Hier hängt mit 8,20 m einer der größten Stalaktiten der Welt. Die Gesamthöhe von der Decke der oberen Grotte bis zum Grund der unteren beträgt ca. 120 Meter. Die unendliche Vielzahl in Formen, Farben und Größen der Kalksteingebilde ist unvergleichlich.

Die kathedralenartigen Ausmaße der oberen Grotte bieten auch einen einzigartigen Rahmen für Konzerte. Hier traten und treten Größen des Orients und des Okzidents auf wie François Bayle, Karlheinz Stockhausen, Jamal Aboul Hosn und Nidaa Abou Mrad.

Die obere Grotte ist von Februar bis Dezember zu Fuß zu erkunden, die untere – kann abhängig vom Wasserstand – ab März/April bis Oktober per Elektroboot besichtigt werden.

Das mit einer Fläche von 550 km² größte Naturschutzgebiet des Libanon, das Al-Shouf Reservat, erstreckt sich von Qab Elias im Norden bis Jezzine im Süden und umfasst 5% der Landesfläche. Wenngleich man dort auch bemerkenswerte alte Wacholder- und Eichenwälder findet, machen doch die drei Zedernwälder auf diesem südlichen Ausläufer des Libanon-Gebirges dessen Hauptattraktionen aus. Hier steht ein Viertel der letzten libanesischen Zedern, von denen die ältesten auf 2.000 Jahre geschätzt werden.

Während des Bürgerkrieges 1975-90 sicherte der private Einsatz der Familie Joumblat den Bestand durch Absperrung und Bewachung. 1996 wurde das Areal von der libanesischen Regierung unter Naturschutz gestellt, von der UNESCO im Jahre 2005 zum Biosphärenreservat erklärt. Kein Wunder: Bei 500 Pflanzen- und 24 Baumarten, 200 Vogelrassen, 32 Säugetier- (darunter Wolf, Luchs und Stachelschwein) und 27 Reptilienarten entdecken Naturliebhaber hier eine außergewöhnliche Biodiversität!

Rund ums Jahr ist auf verschiedenen Trails das Wandern, Mountainbiking, Klettern und Trekking mit und ohne Führer ebenso möglich wie das – in dem Fall selbstverständlich von erfahrenen Rangern begleitete – Beobachten von Wölfen und anderen Wildtieren. 1.000 bis 2.000 m hoch gelegen, stellt das Al-Shouf-Reservat eine der wenigen verbliebenen naturbelassenen Gegenden des Libanon-Gebirges dar. Dies wird nicht nur bereits im Gilgamesch-Epos, sondern auch vielfach im Alten Testament erwähnt – wie die Zeder, das stolze Nationalsymbol der Libanesen, daselbst.

Dämmerung in der bizarren Felswelt des Libanon-Gebirges oberhalb von Faraya.

Im Khan der Schneider in Tripoli.

Gibran schreibt diese bitter anmutenden Worte im November 1920 an May Ziadeh, die bedeutendste Dichterin und Schriftstellerin in arabischer Sprache zu jener Zeit – auch bekannt als „George Sand des Orients".
May Ziadeh, Tochter eines libanesischen Vaters und einer palästinensischen Mutter, wird am 11.2.1886 in Nazareth geboren. Im Jahre 1908 emigriert die Familie nach Kairo. Der Vater wird dort Herausgeber einer Zeitung, in der May ihre Artikel veröffentlicht. Nach dem Erscheinen seines Romans „Die gebrochenen Flügel" im Jahre 1912 schreibt sie einen begeisterten Brief an Gibran. Damit nimmt die Korrespondenz zwischen den beiden geistesverwandten Dichterseelen ihren Anfang und dauert bis zum Tode Gibrans 1931 an.

Aus einem Brief von Februar 1924 an May Ziadeh (von Gibran zuweilen auch mit „Mary" oder „Miriam" angeredet) mit deutlichem Bezug zu „Wenn die Liebe dir winkt, so folge ihr…" aus seinem berühmtesten Werk „Der Prophet", erschienen 1923.

Obwohl einander nie persönlich begegnend, entwickelt sich zwischen den beiden eine tiefe Liebesbeziehung. Gibrans Briefe, zunächst sehr förmlich und werbend, werden zunehmend vertraulicher. May reagiert anfänglich sehr verhalten auf seine Liebe. Wenngleich sie sich sehr für Emanzipation und Gleichberechtigung der Frauen einsetzt, verbietet ihr übertriebenes Schamgefühl, ihren Gefühlen Ausdruck zu verleihen – sie gesteht Gibran ihre Angst. Es dauert lange, bis sie schließlich ihre traditionelle Erziehung überwinden kann.
Nach Gibrans Tod wird May depressiv und zieht sich aus dem literarischen Leben zurück. Mitglieder ihrer Familie versuchen, an ihren Besitz zu kommen, erklären May für geisteskrank und strengen einen Prozess an. Sie wird in eine Anstalt in Beirut eingeliefert. Freunde setzen sich für sie ein und bewirken, dass May entlassen wird und den Prozess gewinnt. Sie kehrt 1938 nach Kairo zurück, wo sie am 19. Oktober 1941 zehn Jahre nach ihrem Geliebten stirbt.

In Bcharré schließt sich der Lebenskreislauf Gibrans: Hier ist er geboren, hier ruhen seine sterblichen Überreste. Das 1.600 m hoch gelegene Städtchen thront auf einem Felsplateau über dem grandiosen Wadi Qadisha, dem Tal der Heiligen. Nicht nur Gibran, der große Sohn der Stadt, sondern auch ein kleines Zedernwäldchen mit den ältesten Repräsentanten der Cedrus libani haben Bcharré zu einem der berühmtesten und meistbesuchten Orte des Libanon gemacht. Die erste Besiedelung Bcharrés geht auf die Phönizier zurück.

Etwa 3.000 Jahre altes phönizisches Turmgrab in Bcharré oberhalb vom Klösterchen Mar Sakis, in dem sich das Grab Gibrans und ein Museum mit Exponaten rund um sein Leben befinden.
Gibran glaubt fest an Wiedergeburt und betrachtet daher den Tod eher als Freund – als Wegbereiter zur nächsten Stufe.

Geboren wird Gibran an einem doppelt heiligen Tag: Im Orient feiert man am 6. Januar Weihnachten, im Okzident das Fest der Heiligen Drei Könige. Er stirbt am späten Abend des 10. April 1931, dem Freitag nach Ostern jenes Jahres, in einem New Yorker Krankenhaus.

Seinem Wunsch entsprechend soll Gibran in seiner Heimatstadt beerdigt werden. Mariana begleitet ihren Bruder auf seiner letzten Reise – in einem Sarg aus Zedernholz wird der Leichnam in den Libanon überführt. Aus allen Winkeln des Landes, ja selbst aus Syrien strömen Abertausende nach Beirut. Sie warten auf die Ankunft des Schiffes und bereiten der Heimkehr ihres großen Landsmannes einen Empfang, wie er in der Geschichte des Libanon noch nie erlebt wurde.

Die arabische Presse bezeugt, dass noch keinem lebenden oder toten Menschen eine solche Ehrung zuteil wurde. Tausende begleiten den Sarg mit der sterblichen Hülle Gibrans nach Bcharré. Hier findet er schließlich im August 1931 in Mar Sarkis seine letzte Ruhe – in einer fast vollständig zugemauerten Grotte, deren letzte Öffnung von einer Zedernwurzel geschützt ist, steht sein Sarg.

Später wird ein Teil seiner persönlichen Habe – darunter einige seiner Gemälde und Zeichnungen, von ihm gelesene Bücher sowie ein paar Möbel – von New York ins Kloster Mar Sakis gebracht, das heutige Gibran-Museum.

Die Landschaftszonen des Libanon

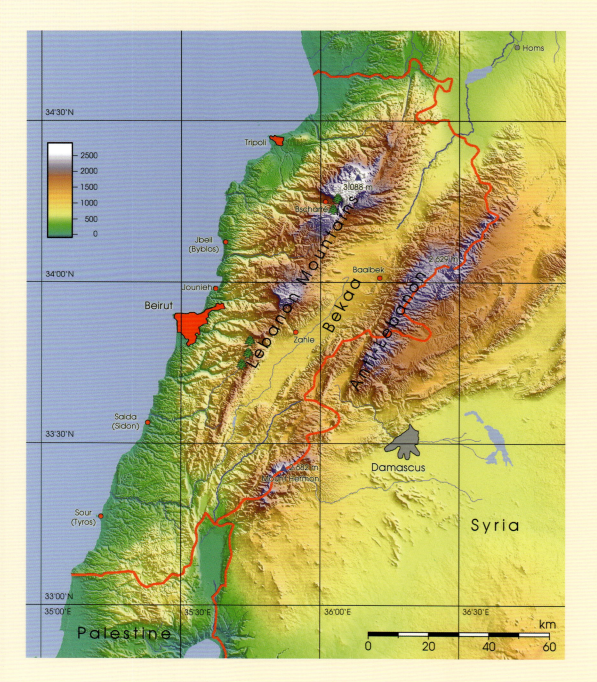

Der Libanon gliedert sich in vier parallel zum Mittelmeer liegende Landschaftszonen: der schmale, steil ansteigende Küstenstreifen, das zerklüftete Libanon-Gebirge, das fruchtbare Bekaa-Tal, eine Hochebene, schließlich die Westseite des Anti-Libanon-Gebirges, über dessen Kamm die Grenze zu Syrien verläuft.

Ebenso unterschiedlich wie die Landschaft ist auch das Klima des Landes. An der Küste sind die Sommer sehr warm und niederschlagsarm bei gleichzeitig drückend hoher Luftfeuchtigkeit. Die Winter sind relativ regenreich. In Beirut liegen die Tagestemperaturen bei durchschnittlich 18°C im Januar, bei 33°C im Juli und August. Im Dezember und Januar regnet es in der libanesischen Hauptstadt an jeweils durchschnittlich 11 Tagen, im Juli bzw. August hingegen im Allgemeinen überhaupt nicht.

In den Bergen des Libanon herrscht typisches Gebirgsklima, höhere Lagen sind bereits ab November schneebedeckt. Die Bekaa-Ebene mit bis zu 300 Sonnentagen pro Jahr hat heiße, trockene Sommer mit recht kühlen Nächten. In der Zeit von Oktober bis Februar fällt viel Regen bzw. Schnee.

An der Grenze zu Syrien herrscht ein trockenes Steppenklima, welches den Übergang zum Wüstenklima des südlichen Syriens und Jordaniens bildet.

Die in diesem Buch erwähnten Orte

DER LIBANON

Auf einer Weltkarte macht der Libanon kaum einen stecknadelkopfgroßen Punkt aus, doch seine Vergangenheit ist Jahrtausende alt und beachtlich. Vielleicht verdanken wir Europäer sogar unseren Namen diesem Land. In der Mythologie jedenfalls ist Europa die Lieblingstochter des Königs Agenor (phönizischer Name: Kanaan), der in Tyros herrschte. Sie war so schön, dass Zeus sich in die libanesische Prinzessin verliebte, sich ihr in der Gestalt eines weißen Stieres näherte und sie nach Kreta entführte, worauf der Kontinent nach ihr benannt wurde.

Tatsächlich kann der Libanon auf eine über 6.000-jährige Geschichte zurückblicken. Seine Ureinwohner, die Phönizier, gründeten mächtige Stadtstaaten an der levantinischen Küste des Mittelmeeres wie Sidon und Tyros sowie Byblos, das auch als die Wiege des Alphabets gilt. Hier entdeckte man nämlich auf dem Sarkophag seines Königs Ahiram, der im 13. Jh. v. Chr. lebte, einen kompletten Text im phönizischen Alphabet, der ersten Buchstabenschrift, die aus der piktografischen Schrift hervorging.

In der Bibel werden der Libanon, seine Städte Tyros und Sidon (andere Orte und Gegenden nicht mitgezählt) sowie sein symbolträchtiger Baum, die Zeder, die auch die libanesische Flagge schmückt, über 200mal erwähnt. Mit Zedernholz aus dem Libanon wurde der Tempel in Jerusalem verkleidet. Salomon ließ dafür das Holz und die Zimmerleute aus dem Libanon kommen. Auch im ältesten Epos der Welt, dem Gilgamesch-Epos, tauchen die Zedern des Libanon auf. Gilgamesch und sein Freund Enkidu machen sich zum Zedernwald auf, um das kostbare Holz zu holen, das sie für ihre Prachtbauten benötigen. Und die alten Ägypter importierten es aus Byblos für ihre Tempel, Villen und Särge.

Mit ihren zedernhölzernen Schiffen wagten sich die Phönizier aufs hohe Meer. Sie erreichten die Küsten des gesamten Mittelmeeres, wo sie überall Städte und Niederlassungen gründeten: in Italien, Spanien, Griechenland und Nordafrika. Da sie wenig vom Krieg hielten, aber viel vom Handel verstanden, sammelten sie unvergleichliche Reichtümer. Ihre Stadtstaaten blühten, was immer wieder begehrliche Eroberer anlockte wie Hethiter, Ägypter, Perser, Griechen, Römer, Kreuzfahrer, Mamluken und Osmanen, so dass sich der gegenwärtige Libanon als Mosaikbild zahlreicher Ethnien, Religionen und Konfessionen darstellt.

Im Jahre 636 eroberte der muslimische Feldherr Khalid Ibn al-Walid den Fruchtbaren Halbmond mit Syrien und Libanon. Die Bekehrung zum Islam, die nicht erzwungen wurde, aber steuerliche und soziale Vorteile brachte, trug zur schnellen Arabisierung und Islamisierung bei. Im 11./12. Jh. versuchten die Kreuzfahrer, die Heiligen Stätten für die Christen zurückzuerobern. In Tripoli, Batroun, Byblos, Beirut, Saida und Tyr bauten sie Burgen und Kathedralen und gründeten Staaten, die nur zwei Jahrhunderte überlebten, bis die Militärdynastie der Mamluken sie aus dem Orient vertrieb, wie sie zuvor die Mongolen aus Bagdad vertrieben hatten. Diese ehemaligen türkischen Sklaven funktionierten die Kreuzfahrerkirchen in Moscheen um und schmückten die Städte mit Medresen, Hospitälern, Mausoleen und Bädern im unverkennbar mamlukischen Stil.

Im Jahre 1517 eroberten die Osmanen die gesamte arabische Welt mit Ausnahme von Marokko. Die mehr als 400 Jahre während osmanische Herrschaft war gekennzeichnet durch eine sowohl ökonomische als auch intellektuelle Stagnation der arabischen Welt. Nur die kurze Regierungszeit zweier heroischer Emire unterbricht die Jahrhunderte lange Lethargie im Libanon. Im 17. Jh. blüht der Libanon auf unter der Herrschaft des drusischen Emirs Fachr-ad-Din II Maan, der Künstler, Gelehrte und Architekten aus der Toskana holt, die im Libanon zahlreiche Bauten im italienischen Stil errichteten. Als er den Osmanen zu unabhängig und stark wurde, wird er in Istanbul zusammen mit seinen drei Söhnen erhängt. 200 Jahre später stirbt auch der libanesische Emir Bachir II Shihab in Istanbul. Im Jahre 1840 hatten ihn die Osmanen zum Rücktritt gezwungen, da er sich mit seiner starken Persönlichkeit für die Unabhängigkeit seines Landes eingesetzt hatte.

Im 19. Jh. erlebte die gesamte arabische Welt soziale Spannungen sowie interkonfessionelle Auseinandersetzungen. Im Jahre 1860 kommt

es im Libanon zu einem Massaker an den maronitischen Christen durch die Drusen. Die Nachricht davon dringt bis nach Europa. Aus Deutschland schickt der evangelische Pastor Theodor Fliedner seine Kaiserswerther Diakonissen nach Beirut, wo sie Waisenhäuser, Krankenhäuser, eine deutsche Schule und Gemeinde gründen. Napoleon III sendet eine Expedition in den Libanon. Zusammen mit den anderen europäischen Mächten Großbritannien, Österreich, Preußen und Russland fordert Frankreich die Hohe Pforte auf, die Christen in der arabischen Welt zu schützen. Im Jahre 1861 wird vereinbart, dass der Libanon von einem christlichen Gouverneur verwaltet wird, den die Hohe Pforte ernennt.

Unter den christlichen Gouverneuren erlebt der Libanon einen materiellen und intellektuellen Aufschwung: Der Hafen von Beirut wird vergrößert, Zugverbindungen werden eingerichtet. Amerikanische Presbyter gründen 1866 die Amerikanische Universität in Beirut und die Jesuiten im Jahre 1875 die französischsprachige Universität St. Joseph. Europäische, insbesondere französische Ordensleute gründen Kirchen, Schulen und Krankenhäuser im Libanon. Parallel zur Mission bilden sich Schutzmächte für die einzelnen Konfessionen heraus: Die Franzosen setzten sich insbesondere für die maronitischen Christen ein, die melkitischen Christen wurden von Rom unterstützt, die Russen waren die Schutzmacht der Orthodoxen. Die Engländer unterstützten die Drusen und die Preußen die Protestanten. Dieses System begünstigte einerseits die konfessionelle Teilung des Landes, andererseits aber auch die kulturelle Entwicklung dieser Minoritäten, die mit der Sprache und Kultur ihrer jeweiligen Schutzmächte vertraut wurden.

Einen Rückschlag erfuhr diese Entwicklung durch den osmanischen Sultan Abd-el-Hamid, der im Jahre 1876 den Thron bestieg und eine reaktionäre und repressive Politik betrieb. Besonders die arabische

Welt wird ein Opfer des hamidischen Despotismus. Zahlreiche arabische – vor allem libanesische – Intellektuelle, Künstler und Politiker verlassen den Libanon und flüchten in Länder, in denen sie keiner Zensur unterworfen sind. Durch ihr Exil in Europa bzw. Amerika kommen Schriftsteller und Künstler in Kontakt mit der westlichen Literatur und Kunst und leiten in ihren Ländern eine Nahda (Renaissance) ein. Darunter hervorzuheben ist das libanesische Dreigestirn Khalil Gibran, Amin Rihani und Mikhael Nuaime.

Nach dem Ende des Osmanischen Reiches im Jahre 1923 wurde der Libanon französisches Mandatsgebiet. Im Jahre 1941 erhielt er die formelle, im Jahre 1943 die faktische Unabhängigkeit durch die Einsetzung libanesischer Amtsträger durch Frankreich. Der nicht schriftlich fixierte Nationalpakt sieht vor, dass der Staatschef des Landes aufgrund der damaligen christlichen Mehrheit ein maronitischer Christ ist, während der Ministerpräsident ein sunnitischer Muslim und der Parlamentspräsident ein schiitischer Muslim sein sollen. Im Nationalpakt ist auch festgehalten, dass der Libanon ein arabisches Land ist. In Wirklichkeit aber ist es ein Land mit mindestens zwei Gesichtern, in dem Orient und Okzident, Islam und Christentum koexistieren, denn seine Westgrenze mit ihren 210 km öffnet sich zum Mittelmeer, über das immer schon westlicher Einfluss ins Land gelangte.

Der Name ‚Libanon' wurzelt in altsemitischen Sprachen, in denen «laban» „weiß" bedeutet. Im Orient ist der Monate lang liegende, weiß glänzende Schnee auf den hohen libanesischen Berggipfeln ein so ungewöhnlicher Anblick, dass er als pars pro toto dem Land seinen Namen verlieh.

Die verschneiten Berggipfel sind nicht das einzige Ungewöhnliche der libanesischen Landschaft; es ist auch das einzige afro-asiatische Land ohne Wüste. Dank seines Wasserreichtums, der nicht nur von der Schneeschmelze im Frühjahr herrührt, besitzt der Libanon eine üppige Vegetation und eine reichhaltige Flora. Von den Reisenden, die den Libanon auf dem Weg ins Heilige Land besuchten, wurde er als „grünes Land" hervorgehoben.

Der libanesische Dichter und Maler Khalil Gibran, der viele Jahre seines Lebens in Amerika verbrachte, sagte einmal: „Wenn es den Libanon nicht gäbe, so müsste man ihn erfinden." Das sagte er nicht nur

im Hinblick auf die viel besungene Schönheit seiner Heimat oder auf deren Jahrtausende alte Geschichte. Was er wohl auch damit sagen wollte, ist die Tatsache, dass auf der winzigen Fläche des Libanon 18 Religionsgemeinschaften mit ihren unterschiedlichen Lebensformen, Glaubenssätzen und Ideologien zusammenleben: Sunniten, Schiiten, Drusen, Maroniten, Melkiten, griechische und syrische Orthodoxe, Chaldäer, Armenier, Lateiner und Protestanten, um nur einige zu nennen. Sie lebten und leben in mehr oder weniger gelungener Koexistenz, die nur zeitweise – und dann oft durch äußere Einwirkungen wie im Bürgerkrieg von 1975-1990 – heftig gestört wurde. Doch die meiste Zeit funktionierte das Zusammenleben und prägte seine Bewohner. Es formte sie zu offenen, toleranten und gastfreundlichen Menschen, die sich bemühen, ihre Unterschiede zu akzeptieren und voneinander zu lernen, statt einander zu bekämpfen, denn jede der im Libanon lebenden Gruppen ist eine Minorität, und in jedem Libanesen ist ein Maronit, ein Sunnit, ein Druse usw.

Die kollektive leidvolle Erfahrung des letzten Bürgerkrieges bestärkt die Libanesen darin, fortan nicht mehr das Trennende, sondern das Gemeinsame zu suchen und niemanden zu marginalisieren. Sie streben eine Einheit in der Vielfalt an, eine Konkordanzkultur, in der alle konstituierenden Teile einen gleichwertigen Platz haben.

Das ist in diesem Land umso leichter, da es durch das Jahrhunderte lange Zusammenleben zu einer Konvivialität und Akzeptanz des anderen gekommen ist. Besonders hilfreich ist dabei, dass die führenden und großen Familien des Landes nicht selten aus unterschiedlichen Konfessionen bestehen. Ein typisches Beispiel dafür ist der ehemalige Minister Marwan Hamade, der am 14. März 1987 vor dem französischen Senat in Paris sagte: „Ich bin Druse wie mein Vater, meine Mutter ist Katholikin, ich bin mit einer sunnitischen Muslima verheiratet und habe einen orthodoxen Schwager."

So ist der kleine Libanon ein Experimentierfeld für ein Zusammenleben verschiedener Religionen im Allgemeinen und für den Dialog zwischen Christentum und Islam, zwischen Orient und Okzident im Besonderen. Die Erfahrungen des Libanon könnten pluralen Gesellschaften als Modell dienen für ein friedliches Zusammenleben, wie es Vaclav Havel 1997 bei seinem Besuch im Libanon feststellte: „Ich bin überzeugt, dass der Libanon ein Modell der Koexistenz zwischen Bürgern unterschiedlicher Überzeugungen und Religionen sein kann, die eine gemeinsame staatsbürgerliche Verantwortung eint."

Khalil Gibran, der libanesische Dichter und Maler, in dessen Stammbaum es sowohl Christen als auch Muslime gibt, schreibt: „Ich bin Christ, und ich bin stolz, es zu sein. Dennoch liebe ich den arabischen Propheten, und ich berufe mich auf die Größe seines Namens. Ich schätze die ruhmreichen Taten des Islam." Im Jahr 1923, dem Ende der Osmanischen Herrschaft, veröffentlicht er seinen berühmten Text „Ihr habt euren Libanon und ich den meinen", in dem er sich von dem Libanon der Machthaber und Herrscher distanziert und ihm seinen Libanon gegenüberstellt mit seiner atemberaubend schönen und vielseitigen Natur, mit seinen Menschen, die als Hirten und Bauern, als Händler und Lehrer, als Dichter und Sänger am Aufbau des Libanon mitarbeiten:

„Ihr habt euren Libanon und ich den meinen. Ihr habt euren Libanon und seine Schwierigkeiten, ich habe meinen Libanon und seine Schönheit… Euer Libanon ist ein politisches Problem, das die Zeit zu lösen versucht, mein Libanon sind die Hügel, die sich sanft ins Blau des Himmels erheben…

Euer Libanon ist ein Kampfplatz zwischen Menschen aus dem Morgenland und Menschen aus dem Abendland. Mein Libanon ist ein beflügeltes Gebet, das sich am Morgen erhebt, wenn der Hirte seine Schafe auf die Weide führt, und das am Abend zum Himmel emporsteigt, wenn die Bauern aus ihren Feldern und Weinbergen heimkehren.

Euer Libanon sind die Quadrate eines Schachbretts, auf dem sich ein religiöser und ein militärischer Chef im Spiel messen. Mein Libanon ist ein Tempel, den ich im Geiste betrete, wenn ich erschöpft bin vom Anblick dieser Zivilisation, die sich auf Rädern bewegt."

Diesen Libanon Gibrans hat Hans Münch mit seiner Kamera eingefangen. Durch seine Linse zeigt er uns die schneegekrönten Bergketten, die mit Blumen übersäten Täler, die Zedernwälder und Olivenhaine, die uralten Städte mit ihren Basaren und Karawansereien, mit ihren Moscheen und Kirchen, zeigt uns Gibrans Landsleute. Charlotte hat dazu treffende Texte von Gibran ausgewählt und die Fotos informativ bewörtert. Die beiden zeigen, dass der Libanon – trotz der Wunden des letzten Bürgerkriegs – nichts von seiner Schönheit und Vielfalt eingebüßt hat und immer noch eine Reise wert ist.

Dr. Ursula Assaf–Nowak, Jounieh/Libanon

Nachsatz

Im Zuge meiner Recherchen zu diesem Buch ging mir nicht nur die anrührende Biografie von Khalil Gibran sehr nahe, sondern auch die Geschichte des kleinen Landes Libanon: seit Jahrtausenden immer wieder überfallen, verwüstet, zerstört.

Gegen Naturkatastrophen ist der Mensch nicht gefeit – doch die größte scheint mir der Mensch selbst zu sein.

Möge die Botschaft Gibrans, sei sie blumig-spirituell oder aufrüttelnd klartextlich formuliert, nicht nur die Augen und Herzen ihrer Leserschaft erreichen, sondern den Weg in deren Bewusstsein finden – um dort den erforderlichen Mut zu säen, den Machtbesessenen und Unersättlichen dieser Welt entgegenzutreten.

Charlotte Münch

Wort
Charlotte ist von Beruf Übersetzerin, Organisationsentwicklerin und Traumatherapeutin, doch ihre wahre Leidenschaft gehört dem Schreiben. Da sie gerne den Dingen auf den Grund geht, befasst sie sich vorzugsweise mit unbequemen Themen zum Zeitgeschehen und den Biografien ungewöhnlicher Menschen.

Bild
Hans ist Fotograf, Filmdramaturg, Medienproduzent für Industrie und Institutionen, Gestalter von AV-Präsentationen und Veranstaltungsdesigner.
Dass er seine Sache gut macht, zeigen etliche Auszeichnungen, darunter State-of-the-Art-Awards und Awards of Excellence für außergewöhnliche Medien- bzw. Eventgestaltung sowie der Deutsche Wirtschaftsfilmpreis.

Duo
Wenn die beiden nicht gerade im Libanon, ihrer Wahlheimat, unterwegs sind, arbeiten sie gemeinsam an ihren Buchprojekten, Hörbüchern und Filmen.

Charlotte & Hans Münch
Postfach 1505
D 27766 Ganderkesee
hans.muench@wortbildduo.de
charlotte.muench@khalil-gibran.com

www.wortbildduo.de
www.khalil-gibran.com

Quellenangaben

Die im ersten Teil des Buches zitierten Aussagen Khalil Gibrans wurden folgenden Briefen bzw. Werken entnommen und von Charlotte Münch neu übersetzt:

Beloved Prophet – The Love Letters of Kahlil Gibran and Mary Haskell and her private Journal / © 1972 Alfred A. Knopf Inc.:
01) Brief vom 26. November 1911, New York
02) Brief vom 24. Januar 1924, New York
04) Brief vom 20. April 1913, New York
05) Brief vom 29. Februar 1912, New York
06) Brief vom 1. März 1914, New York
07) Brief vom 10. November 1911, New York
08) Brief vom 16. Mai 1913, New York
09) Brief vom 7. Mai 1911, New York
10) Brief vom 26. November 1911, New York
11) Brief vom 7. Februar 1922, New York
12) Brief vom 9. Dezember 1915, New York
13) Brief vom 8. November 1908, Paris
15) Brief vom 16. Dezember 1914, New York
16) Brief vom 19. Juli 1920, New York
17) Brief vom 29. Juni 1916, New York
18) Brief vom 22. Oktober 1912, New York
20) Brief vom 5. April 1914, New York
21) Brief vom 12. September 1913, New York
22) Brief vom 19. April 1912, New York
25) Brief vom 26. Mai 1912, New York
27) Brief vom 16. März 1913, New York
29) Brief vom 7. Januar 1912, New York
30) Brief vom 28. Januar 1915, New York
32) Brief vom 14. August 1912, Nantasket
33) Brief vom 20. August 1914, New York
35) Brief vom 8. Oktober 1913, New York
36) Brief vom 1. März 1916, New York
38) Brief vom 28. Januar 1915, New York
39) Brief vom 8. Oktober 1913, New York
40) Brief vom 6. Januar 1916, New York
42) Brief vom 29. Februar 1912, New York
43) Brief vom 10. November 1911, New York
44) Brief vom 16. Mai 1911, New York
45) Brief vom 7. August 1914, Boston
46) Brief vom 12. Dezember 1912, New York
47) Brief vom 7. August 1914, Boston
48) Brief vom 21. September 1913, New York
49) Brief vom 8. Oktober 1913, New York
57) Brief vom 7. November 1928, New York
59) Brief vom 22. April 1924, New York

La voix ailée – lettres à May Ziyada / © 1982 Éditions Sindbad, Paris:
03) Brief vom 2. Januar 1914, New York
26) Brief vom 26. Februar 1924, New York
31) Brief vom 26. Februar 1924, New York
37) Brief vom 21. Mai 1921, New York
50) Brief vom 11. Juni 1919, New York
52) Brief vom 7. Februar 1919, New York
53) Brief vom 3. November 1920, New York
54) Brief vom 3. November 1920, New York
55) Brief vom 3. November 1920, New York
56) Brief vom 26. Februar 1924, New York

24, 41) Khalil Gibran – une biographie / © 1994 Jean-Pierre Dahdah, Éditions Albin Michel S.A., Paris

14, 19, 28, 34, 51, 58) This Man from Lebanon / © 1945 Barbara Young

23) The New Frontier / Khalil Gibran 1925